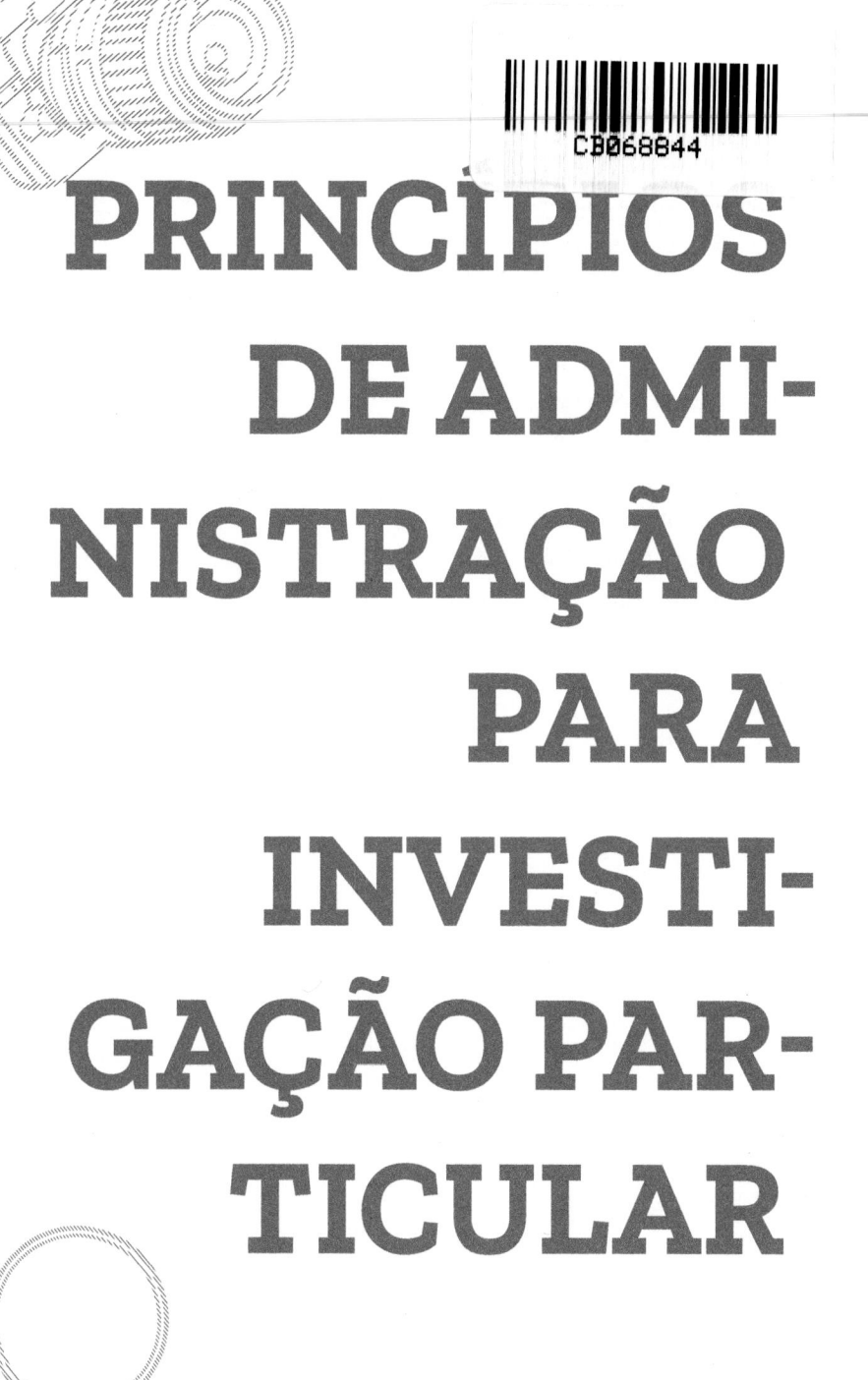

PRINCÍPIOS DE ADMINISTRAÇÃO PARA INVESTIGAÇÃO PARTICULAR

O selo DIALÓGICA da Editora InterSaberes faz referência às publicações que privilegiam uma linguagem na qual o autor dialoga com o leitor por meio de recursos textuais e visuais, o que torna o conteúdo muito mais dinâmico. São livros que criam um ambiente de interação com o leitor – seu universo cultural, social e de elaboração de conhecimentos –, possibilitando um real processo de interlocução para que a comunicação se efetive.

César Takashi Ogasawara
Lucimara Ceccon

PRINCÍPIOS DE ADMINISTRAÇÃO PARA INVESTIGAÇÃO PARTICULAR

Dados Internacionais de Catalogação na Publicação (CIP)
(Câmara Brasileira do Livro, SP, Brasil)

Ogasawara, César Takashi
  Princípios de adminstração para investigação particular/César Takashi Ogasawara, Lucimara Ceccon. Curitiba: InterSaberes, 2020. (Série Estudos de Investigação Particular)

  Bibliografia.
  ISBN 978-85-227-0200-8

  1. Detetives particulares 2. Investigação – Adminstração 3. Investigadores particulares como profissão I. Ceccon, Lucimara. II. Título. III. Série.

19-30678   CDD-363.289

Índices para catálogo sistemático:
1. Investigação particular: Exercício profissional   363.289

Maria Alice Ferreira – Bibliotecária – CRB-8/7964

1ª edição, 2020.

Foi feito o depósito legal.

Informamos que é de inteira responsabilidade dos autores a emissão de conceitos.

Nenhuma parte desta publicação poderá ser reproduzida por qualquer meio ou forma sem a prévia autorização da Editora InterSaberes.

A violação dos direitos autorais é crime estabelecido na Lei n. 9.610/1998 e punido pelo art. 184 do Código Penal.

Rua Clara Vendramin, 58
Mossunguê . CEP 81200-170
Curitiba . PR . Brasil
Fone: (41) 2106-4170
www.intersaberes.com
editora@editorainterseberes.com.br

Conselho editorial
— Dr. Ivo José Both (presidente)
— Dr.ª Elena Godoy
— Dr. Neri dos Santos
— Dr. Ulf Gregor Baranow

Editora-chefe
— Lindsay Azambuja

Supervisora editorial
— Ariadne Nunes Wenger

Analista editorial
— Ariel Martins

Preparação de originais
— Gustavo Ayres Schefar

Edição de texto
— Gustavo Piratello de Castro

Capa
— Charles L. da Silva (*design*)

Projeto gráfico
— Iná Trigo (*design*)
— father/Shutterstock (imagens)

Diagramação
— Andreia Rasmussen

Equipe de *design*
— Iná Trigo
— Mayra Yoshizawa

Iconografia
— Sandra Lopis da Silveira
— Regina Claudia Cruz Prestes

sumário

prefácio _____ 10
apresentação _____ 12
como aproveitar ao máximo este livro _____ 14

capítulo 1
Administração aplicada à investigação profissional ____ 18
   1.1 Noções gerais sobre administração _____ 19
   1.2 Principais escolas de administração _____ 22
   1.3 Gestão de processos _____ 38
   1.4 Aplicando os conhecimentos sobre administração
   na investigação particular _____ 46

capítulo 2
Gerenciamento e planejamento estratégico _____ 52
   2.1 A estratégia _____ 53
   2.2 Planejamento estratégico _____ 56
   2.3 Ferramentas de análise _____ 65

capítulo 3
Gestão de Projetos _____ 74
   3.1 Conceitos de *gestão de projetos* _____ 75
   3.2 Histórico da gestão de projetos _____ 76
   3.3 Importância da gestão de projetos no sucesso
   do seu negócio _____ 78
   3.4 Noções básicas de gestão de projetos _____ 79
   3.5 Aplicando os conhecimentos sobre gestão
   de projetos na investigação particular _____ 94

capítulo 4
Gestão de pessoas _____**98**
   4.1 Conceito de *gestão de pessoas* _____99
   4.2 Noções básicas de gestão de pessoas: estratégia funcional _____103

capítulo 5
Gestão de finanças _____**122**
   5.1 Conceito de *finanças* _____123
   5.2 Noções básicas de controle financeiro _____125
   5.3 Noções básicas de contabilidade _____132
   5.4 Noções básicas de administração financeira _____139

capítulo 6
Marketing _____**146**
   6.1 O marketing no contexto histórico _____147
   6.2 Marketing e vendas _____148
   6.3 Necessidades e comportamento do consumidor ___149
   6.4 *Mix* de Marketing _____150
   6.5 Marketing de serviços _____151
   6.6 Marketing digital _____154
   6.7 Conhecendo o cliente _____156
   6.8 Segmentação de mercado e identificação do cliente _____158
   6.9 Variação de preços _____161
   6.10 Comunicação _____163
   6.11 Satisfação do cliente _____164
   6.12 Pós-venda _____172

capítulo 7
Logística _____ **177**
   7.1 Conceito de *logística* _____ 178
   7.2 Noções básicas de logística _____ 180
   7.3 Cadeia de suprimentos _____ 185
   7.4 Logística reversa _____ 186

estudo de caso _____ 190
considerações finais _____ 192
lista de siglas _____ 193
referências _____ 195
respostas _____ 204
sobre os autores _____ 209

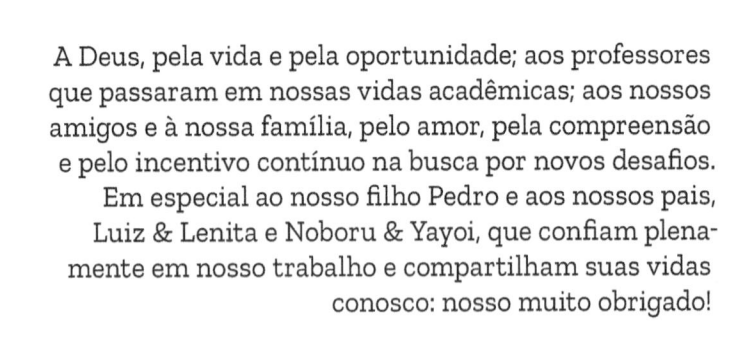

A Deus, pela vida e pela oportunidade; aos professores que passaram em nossas vidas acadêmicas; aos nossos amigos e à nossa família, pelo amor, pela compreensão e pelo incentivo contínuo na busca por novos desafios. Em especial ao nosso filho Pedro e aos nossos pais, Luiz & Lenita e Noboru & Yayoi, que confiam plenamente em nosso trabalho e compartilham suas vidas conosco: nosso muito obrigado!

Gostaríamos de agradecer o apoio, o incentivo e a dedicação dos amigos e dos colegas de trabalho que, de uma maneira ou de outra, contribuíram para que este livro pudesse virar realidade: Felipe P. M., Celso O., Jaqueline C., Luiz E. C., Alisson H. O., Leandro R. S., J. C. Bittencourt, Emmily S. M. F., João B. F. E., Luiz R. B., Alessandro R. L., Maricy M. S., S. J. Rockembach, Laureci W., Ana C. J., Michele N. e Michele B.

prefácio

A profissão de detetive particular sempre foi alvo de muita curiosidade e fascínio pela sociedade, palco de prestígio, quase sempre representada pela sétima arte. No Brasil, a profissão foi regulamentada pela Lei n. 13.432, de 11 de abril de 2017, a qual, de forma significativa, possibilitou que a coleta de dados e informações de natureza não criminal pudesse servir para esclarecimentos de natureza privada, podendo ainda colaborar com a polícia se fosse autorizada pelo cliente e admitida tais informações pelo delegado de polícia.

Ao elaborar a obra *Princípios da administração para investigação particular*, os autores proporcionam ao leitor conhecimentos fundamentais para a atuação administrativa profissional, os quais poderão auxiliá-lo no gerenciamento de recursos e no desenvolvimento de projetos por intermédio de planejamento estratégico, evidenciando que, para o êxito profissional, deve-se conhecer o ambiente, as variáveis e os fatos portadores de futuro, fornecendo ao leitor o arcabouço de ferramentas necessárias para isso.

É consolidado pela doutrina que, para obter-se sucesso, é fundamental que haja eficiência e eficácia nas ações, conceitos estes que, embora pareçam similares, possuem diferenças. De forma veemente, os autores demonstram que, muito além de se realizar um ótimo serviço de investigação, o mercado exige que o detetive particular esteja sempre atento às mudanças de mercado, às adaptações sociais e tecnológicas e exerça com maestria a função de administrador de seu negócio, atendendo às demandas de seus clientes com qualidade, de forma rápida e com menor uso dos recursos, estabelecendo assim a relação entre os resultados almejados e os obtidos.

Dentre os elementos fundamentais, é abordada a temática quanto ao cuidado e à dedicação em cada um dos segmentos em seus aspectos preliminares, na execução, no controle e na finalização de cada projeto, demonstrando que, ao proceder com a devida meticulosidade, o detetive particular realizará a manutenção de seu negócio e a fidelização de seus clientes, proporcionando de forma consequente sua divulgação e sua credibilidade no mercado.

Sem dúvida alguma, o conhecimento proporcionado por esta obra, além de superar quaisquer expectativas, preenche a lacuna quanto à matéria e proporciona o crescimento em âmbito pessoal e profissional dos que desfrutam de suas linhas.

Desejo a todos uma boa leitura.

Felipe Pereira de Melo
Investigador da Polícia Civil do Paraná e autor das obras
A utilização dos serviços de inteligência no inquérito policial
e *Técnicas de entrevista e interrogatório.*

apresentação

Este livro foi elaborado com o intuito de fornecer aos leitores conhecimentos históricos, técnicos e gerenciais para auxiliá-los na gestão de seus empreendimentos, de maneira que os recursos investidos proporcionem a maior rentabilidade possível. O sucesso de uma organização vai além do talento em determinada área. Possuir na "caixa de ferramentas" conhecimentos sobre gestão é fundamental para uma empresa atingir seus objetivos. Dominar as técnicas de investigação profissional é tão fundamental quanto dominar técnicas ligadas à área administrativa. Entender que a direção é, muitas vezes, mais importante do que a velocidade se faz necessário para dar a devida atenção ao planejamento das ações, para executar os projetos que chegarem à empresa da melhor forma, atendendo às necessidades dos clientes.

Destacamos um embasamento teórico importante para que os leitores possam aplicar a prática, saber recrutar, controlar e desligar colaboradores, além de entender a importância do capital humano nas organizações. Também é importante aprender a ler relatórios contábeis e financeiros, entendendo que o controle financeiro pode ser a diferença entre o sucesso e o fracasso de uma organização, bem como saber princípios de marketing, segmentações de mercados e de clientes, buscando sempre a satisfação destes como fator mais importante.

No Capítulo 1, trataremos da importância do estudo da ciência da administração para o sucesso do negócio, e serão abordadas as principais teorias da administração, desde seu entendimento como ciência. No Capítulo 2, abordaremos o planejamento estratégico e nele você aprenderá a elaborar um plano estratégico simplificado, bem como aprenderá a utilizar ferramentas auxiliares na análise de um empreendimento.

No Capítulo 3, trataremos especificamente da gestão de projetos, mostrando quais são os principais passos para essa atividade para aplicação na empresa. No Capítulo 4, estudaremos a gestão de pessoas, grifando a importância do capital humano para a organização, apresentando conceitos teóricos e práticos sobre o tema.

A questão financeira do negócio será estudada no Capítulo 5, no qual veremos a importância de uma boa gestão, assim mostraremos como entender os principais relatórios financeiros e contábeis utilizados. O Capítulo 6 tratará do marketing e estudaremos a importância dessa matéria para o empreendimento, como identificar as necessidades do cliente e como atendê-las de maneira satisfatória. A logística será estudada no Capítulo 7, no qual analisaremos a importância e os principais termos ligados à área.

Entendemos que, com os conceitos apresentados, o dia a dia do empreendedor na investigação profissional pode tornar-se mais fácil, mas não menos trabalhoso. Ser dono de seu próprio negócio é uma responsabilidade muito grande e o sucesso depende apenas de seu esforço e de seu comprometimento.

Em um mundo em que as barreiras comerciais estão cada vez menores, a tecnologia (conforme a Lei de Moore, prevista em 1965) dobra seu poder de processamento a cada 18 meses e as pessoas estão cada vez mais conectadas pelas redes sociais, manter-se alerta e atento às mudanças é indispensável. Buscar conhecimento favorece a criatividade, e ser criativo é fundamental nos dias de hoje. Além das habilidades técnicas no processo de investigação profissional, é necessário estudar os assuntos da área de gestão e se atualizar sempre.

Tendo essas ideias como premissa, desejamos um ótimo estudo e muito sucesso nessa desafiante viagem que é a busca por conhecimento.

como aproveitar ao máximo este livro

Empregamos nesta obra recursos que visam enriquecer seu aprendizado, facilitar a compreensão dos conteúdos e tornar a leitura mais dinâmica. Conheça a seguir cada uma dessas ferramentas e saiba como elas estão distribuídas no decorrer deste livro para bem aproveitá-las.

Conteúdos do capítulo
Logo na abertura do capítulo, relacionamos os conteúdos que nele serão abordados.

Após o estudo deste capítulo, você será capaz de:
Antes de iniciarmos nossa abordagem, listamos as habilidades trabalhadas no capítulo e os conhecimentos que você assimilará no decorrer do texto.

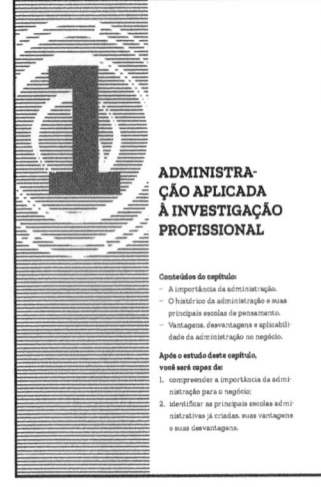

Síntese

Ao final de cada capítulo, relacionamos as principais informações nele abordadas a fim de que você avalie as conclusões a que chegou, confirmando-as ou redefinindo-as.

Importante!

Algumas das informações centrais para a compreensão da obra aparecem nesta seção. Aproveite para refletir sobre os conteúdos apresentados.

Questões para revisão
Ao realizar estas atividades, você poderá rever os principais conceitos analisados. Ao final do livro, disponibilizamos as respostas às questões para a verificação de sua aprendizagem.

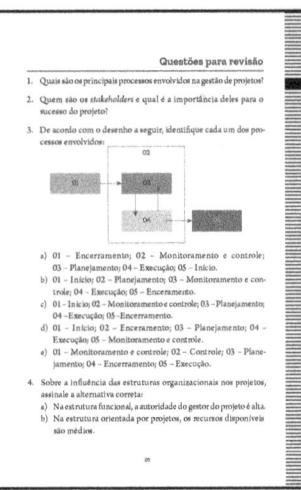

Questões para reflexão
Ao propor estas questões, pretendemos estimular sua reflexão crítica sobre temas que ampliam a discussão dos conteúdos tratados no capítulo, contemplando ideias e experiências que podem ser compartilhadas com seus pares.

Para saber mais
Sugerimos a leitura de diferentes conteúdos digitais e impressos para que você aprofunde sua aprendizagem e siga buscando conhecimento.

Estudo de caso
Nesta seção, relatamos situações reais ou fictícias que articulam a perspectiva teórica e o contexto prático da área de conhecimento ou do campo profissional em foco com o propósito de levá-lo a analisar tais problemáticas e a buscar soluções.

ADMINISTRAÇÃO APLICADA À INVESTIGAÇÃO PROFISSIONAL

Conteúdos do capítulo:
- A importância da administração.
- O histórico da administração e suas principais escolas de pensamento.
- Vantagens, desvantagens e aplicabilidade da administração no negócio.

Após o estudo deste capítulo, você será capaz de:
1. compreender a importância da administração para o negócio;
2. identificar as principais escolas administrativas já criadas, suas vantagens e suas desvantagens.

Neste capítulo, apresentaremos um histórico da administração na condição de prática e sua transformação em ciência, embasada na análise das observações obtidas em campo. O estudo das principais escolas de administração nos dará entendimento sobre o contexto em que elas foram pensadas e a importância de cada uma na evolução da teoria administrativa.

Cada uma das escolas estudadas, em maior ou menor grau, pode fornecer ferramentas para a melhor gestão da empresa.

1.1 Noções gerais sobre administração

Uma das definições de administração é: ato de organizar, de forma racional, os vários processos necessários para alcançar os objetivos, de forma a reduzir os custos e maximizar os lucros. Os conhecimentos oferecidos neste capítulo têm o intuito de dar ao leitor condições de se tornar um empreendedor capaz de gerir seu negócio de forma eficaz, gerando renda e empregos. Antes de tudo, é de fundamental importância ressaltar que cada um dos aspectos estudados aqui podem e devem ser aprofundados mediante a necessidade de cada negócio. Existem várias teorias administrativas que enfatizam alguns temas em detrimento de outros, cabendo ao empreendedor adaptar o que foi estudado à sua realidade.

Analisaremos, nos conteúdos a seguir, o histórico da administração e sua importância para o sucesso do negócio, as principais escolas de administração e como adaptar os conceitos abordados à realidade da empresa.

1.1.1 Histórico

O ato de administrar surgiu com as primeiras aglomerações humanas, com os nossos ancestrais tentando maximizar os poucos recursos que tinham à disposição. Mais tarde, os povos antigos perceberam que o excedente de produção (estudado na história como aquilo que foi produzido a mais depois de satisfeitas as necessidades dos produtores e que poderia ser negociado, ainda que na forma de escambo, com outros povos) era importante, já que dava acesso a produtos que as comunidades não produziam. Quanto mais excedentes de produção, mais produtos poderiam ser alcançados por meio da troca. Assim, produzir cada vez mais com o que estava à disposição passou a ser muito importante.

Com o passar do tempo, as necessidades evoluíram e se tornaram mais complexas. Assim, em um movimento síncrono, as organizações também evoluíram e se tornarem mais complexas, a fim de satisfazer as novas necessidades. Esse movimento de evolução continua até hoje. O desafio de como administrar empresas complexas, observar o que o mercado necessita e atender-lhe com excelência, estar atento ao movimento dos concorrentes, controlar o processo de produção, dar especial importância às finanças, motivar os colaboradores, planejar, dentre outras, são tarefas do administrador.

A administração, na condição de ciência, começou a ser estudada por volta de 1903. Desde então, cada escola que se sucedia focava seus esforços em determinados atores envolvidos no processo, tais como as tarefas a serem executadas, a estrutura da organização, as pessoas envolvidas, o ambiente em que a empresa está inserida, a tecnologia empregada nos processos (Chiavenato, 1997).

É importante sublinhar que a ciência da administração é uma matéria em constante evolução, pois surgem, a cada ano, novas teorias, novas formas de pensar, de gerir e de agir perante os desafios das organizações, propostas por autores e pesquisadores de todo o mundo. Portanto, é primordial estar atento e aberto às mudanças em um mundo que se reinventa em ciclos cada vez mais curtos.

Estudaremos, a seguir, algumas dessas escolas, mostrando seus pontos fortes e seus pontos fracos, onde acertaram e onde erraram.

Nosso intuito é dar aos leitores ferramentas para gerirem seus negócios da melhor maneira possível.

1.1.2 Importância da administração no sucesso do negócio

Para o sucesso de um empreendimento, vocação, dedicação e treinamento constante são fundamentais. Porém, não são as únicas qualidades que os leitores, na condição de empreendedores, devem apresentar. Saber administrar um negócio é tão importante quanto a vocação para a investigação particular, por exemplo. No mundo dos negócios, a "direção" (administração, planejamento) é tão importante quanto a "velocidade" (vocação, dedicação e treinamento). Outro ponto a ser entendido é que, mesmo que uma empresa comece apenas com um funcionário (só você), se tudo correr bem, logo será necessário contratar uma secretária, um ajudante, comprar um veículo ou alugar um local maior etc. Estar preparado para lidar com essas mudanças é fundamental para o crescimento da empresa.

Uma pesquisa do Serviço Brasileiro de Apoio às Micro e Pequenas Empresas (Sebrae) de outubro de 2016, que contém os dados mais recentes sobre mortalidade de empresas, mostra que de cem empresas abertas em 2012, em média 23,4 não passaram de dois anos de funcionamento (Bedê, 2016). Portanto, investir no estudo da administração e em planejamento e ter conhecimentos sobre o mercado são fundamentais para proporcionar maior longevidade ao negócio.

Estar atento ao mercado, ouvir o cliente, estudar os concorrentes, entregar um serviço de qualidade, cuidar da gestão financeira e saber contratar colaboradores são algumas das tarefas que os administradores deverão executar com excelência para que seus empreendimentos alcancem o sucesso.

1.2 Principais escolas de administração

A seguir, abordaremos algumas das principais teorias administrativas, com a intenção de disponibilizar aos leitores uma visão geral sobre as técnicas utilizadas durante a evolução da administração.

Por óbvio que cada escola tem seu valor e algo a acrescentar no aprendizado proposto. A escola de administração ideal não é uma em especial e, sim um pouco de cada uma delas.

1.2.1 Administração científica

A primeira escola, a **administração científica**, surgiu em 1903 e teve como precursor o engenheiro estadunidense Frederick Winslow Taylor (1856-1915). Com seu estudo e o lançamento de seu livro intitulado *Princípios da administração científica* (1911), Taylor inaugurou oficialmente um novo ramo do conhecimento humano, e a administração passou então a ser estudada como ciência (Chiavenato, 1997).

A ênfase principal dessa escola se dava nas tarefas executadas pelos operários, focando os estudos – sobretudo a melhoria dos trabalhos no âmbito operacional. A premissa era baseada no estudo das tarefas executadas, verificando cada um de seus passos, a fim de que sua realização fosse a mais eficiente possível, tanto na escolha dos melhores trabalhadores para executar tal tarefa quanto no treinamento dessas pessoas em métodos mais eficientes, e na criação de uma premiação para quem executasse as tarefas a contento.

Henry Ford (1863-1947), nos Estados Unidos, foi o precursor da chamada *linha de produção*, sistema que revolucionou a maneira como os carros – e vários outros produtos industrializados – eram fabricados. Ao visitar o frigorífico de um amigo seu, Ford viu o método pelo qual o gado abatido era transportado em linha por uma corda e fatiado em partes por várias pessoas, as quais eram responsáveis por "tirar" determinada parte do boi. Ele imaginou o processo inverso, em que um carro inteiro era montado em uma linha na qual operários eram responsáveis por colocar apenas uma parte naquele veículo. O processo mais utilizado até então era aquele em que cada empregado (ou um pequeno grupo deles) era responsável pela montagem de todo o carro.

Com essa simples e genial mudança, o modelo T (carro produzido pela Ford) teve seu preço ao público reduzido de 950 dólares para 290 dólares.

1.2.2 Teoria da burocracia

A teoria conhecida como **burocracia** foi idealizada pelo sociólogo alemão Max Weber (1864-1920). Ela tem como foco principal a organização formal das empresas e como os indivíduos (trabalhadores) se relacionam com essa estrutura e com seus componentes.

Uma das questões de interesse dessa teoria era compreender como as organizações perduravam por gerações, sendo mais longevas do que seus próprios fundadores. Outro ponto estudado era de onde surgia a autoridade e o motivo pelo qual as pessoas se submetiam ou não às ordens dadas. Diferentemente de Taylor – que focou seus estudos no operário – e de Fayol – que estudou com maior ênfase a gerência –, Weber focou seus esforços em entender a organização como um todo (Chiavenato, 1997).

1.2.3 Teoria clássica

Enquanto a administração científica se preocupava com a tarefa executada pelo operário, a ênfase da **teoria clássica** era a estrutura organizacional. O francês Henri Fayol (1841-1925) é considerado o fundador dessa teoria, com a publicação do livro *Administration Industrielle et Générale*, em 1916, cuja ênfase girava em torno da organização formal, da Estrutura e da departamentalização. Seus estudos eram concentrados no corpo gerencial da empresa, mostrando a importância do planejamento, da organização, da direção (comando) e do controle na gestão de uma organização (Chiavenato, 1997).

Segundo Fayol, a empresa possui seis funções básicas: a **técnica** (produção dos bens e serviços a que se destina a empresa), a **comercial** (relativa a compra e venda), a **financeira** (gestão do capital), a **de segurança** (proteção dos ativos da empresa), a **contábil** (relacionada a controle, custos e resultados) e a **administrativa** (responsável pela gestão das cinco funções anteriormente citadas). O autor afirma (Fayol, citado por Chiavenato, 1997) que a função administrativa é composta pelos seguintes elementos: **prever** (ação de preparar a empresa para futuros possíveis), **organizar** (colocar à disposição dos funcionários os materiais necessários para o funcionamento da empresa), **comandar** (fazer a organização funcionar, dirigir o pessoal), **coordenar** (sincronizar e harmonizar as diversas atividades de modo que a empresa possa funcionar de maneira mais eficiente) e **controlar** (verificar se tudo está funcionando de acordo como o estabelecido).

1.2.4 Teoria das relações humanas

A **teoria das relações humanas** nasceu com os estudos do australiano Elton Mayo (1880-1949), o qual, em meados de 1926, foi admitido como pesquisador na Universidade de Harvard. Mayo coordenou uma pesquisa na empresa Western Electric Company, na qual algumas variáveis – como iluminação e quantidade de paradas para descanso – eram alteradas, a fim de medir suas influências no total produzido.

Empiricamente, imaginava-se que, ao reduzir-se a iluminação do chão de fábrica ou a quantidade de paradas para descanso, a produção seria menor e, ao contrário, caso a iluminação fosse suficiente e a o número de descansos também, o total fabricado seria maior. Todavia, não foi essa a conclusão do estudo, levando inicialmente Mayo a duvidar dos parâmetros utilizados. Porém, os resultados se repetiam, mostrando que o descanso e a iluminação pouco ou nada influenciavam na quantidade final de produção (Chiavenato, 1997). Se esses aspectos físicos e fisiológicos não estavam afetando a fabricação, quais seriam os fatores que influenciavam esse resultado?

Essa pergunta levou Mayo a descobrir que fatores humanos como a **motivação** tinham papel fundamental na quantidade produzida. Com a descoberta desse aspecto, estavam lançadas as sementes da teoria das relações humanas, na qual o fator psicológico tem grande influência no modo de entender os trabalhadores e no modo de atuar dos gestores.

Com a sua descoberta, Mayo colocou em dúvida alguns pressupostos básicos da teoria clássica, como o que afirmava que incentivos econômicos são a principal ferramenta de motivação dos funcionários. Na verdade, o que foi descoberto é que a relação do trabalhador com os outros empregados e seu estado mental é um fator que influencia a produção com grande peso. Outro aspecto importante levantado foi o de que os trabalhadores são seres sociais e não agem isolados; essa "organização informal" que funciona dentro da organização formal da empresa influencia com bastante força o resultado final.

Finalmente, um dos pilares da teoria clássica foi colocado em xeque quando Mayo afirmou que a especialização do operário não necessariamente faz com que ele produza mais, provando que a rotatividade dos operários nas tarefas existentes faz com que a produção aumente (Chiavenato, 1997).

1.2.5 Teoria estruturalista

Sob a visão do pensamento dialético, considerando como tese a escola da administração científica (com seus fundamentos baseados nas tarefas, na racionalização do trabalho e na organização formal) e como antítese a teoria das relações humanas (e sua ênfase na organização informal, na motivação, nos relacionamentos entre grupos e nas pessoas), surgiu da síntese, que é conhecida como **teoria estruturalista**. Esta tenta utilizar o que a tese e a antítese têm de bom.

A teoria estruturalista, que teve como precursor o alemão Amitai Etzioni (1929-), pode ser entendida como um esforço no sentido de utilizar pontos importantes tanto da teoria da administração clássica como da teoria das relações humanas. Temos, então, uma visão aglutinadora, a qual enfatiza tanto o indivíduo quanto a organização, que estuda o conflito entre os objetivos da organização e os objetivos individuais (Chiavenato, 1997).

1.2.6 Abordagem comportamentalista

Com a evolução das ciências sociais, da psicologia e da economia, entre outras áreas do conhecimento, cada vez mais informações estavam disponíveis para os administradores. Assim, a **teoria comportamentalista** se beneficiou desses novos saberes para dar aos gestores novas ferramentas de trabalho.

A abordagem comportamentalista surgiu no final da década de 1940 como um desdobramento e/ou uma evolução da teoria das relações humanas e manteve o enfoque nas pessoas. Porém, sua principal diferença é que os indivíduos são estudados não sob uma ótica simplista entre fator *versus* comportamento, mas sob um contexto mais aprofundado, ligado ao comportamento humano como um todo.

A teoria comportamentalista também se opõe à teoria clássica no que diz respeito à organização formal, ao tipo de autoridade proposto e à visão mecanicista dos autores da administração clássica. Uma das conclusões é a de que os gestores devem entender como se dá o processo de motivação, conhecendo as necessidades humanas de seus empregados com o objetivo de melhorar suas vidas, a fim de incrementar a produção e a qualidade dos produtos.

Um dos autores que contribuiu de forma importante com essa teoria foi Abraham H. Maslow (1908-1970), psicólogo norte-americano que desenvolveu uma pirâmide na qual estava representada toda uma hierarquia de necessidades. Ela é conhecida hoje como **pirâmide de necessidades de Maslow**.

Figura 1.1 – Pirâmide de necessidades de Maslow

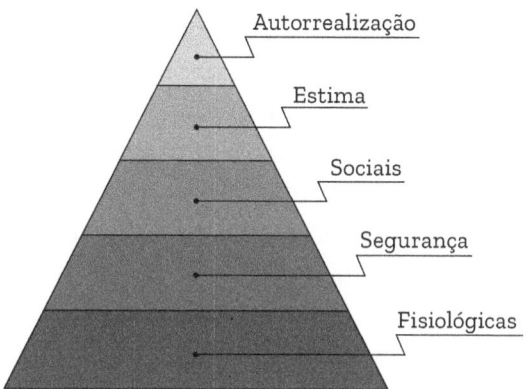

Fonte: Elaborado com base em Maslow, 1987.

Segundo Maslow (1987), as **necessidades primárias** são compostas pelas necessidades fisiológicas e pela necessidade de segurança. Já as **necessidades secundárias** são compostas pelas necessidades sociais, de estima e de autorrealização.

As **necessidades fisiológicas** são as mais básicas, relacionadas à sobrevivência do indivíduo, tais como alimentação, proteção das intempéries e sono. Por sua vez, quando as fisiológicas estão satisfeitas, a próxima necessidade que o indivíduo deseja é a de **segurança**, ou seja, de proteção contra ameaças ou privações e contra o perigo – sentir-se seguro no emprego é um fator de acomodação ou de incentivo, dependendo do indivíduo, e entender como essa necessidade atua sobre cada um é uma importante ferramenta para o gestor.

A respeito das **necessidades sociais**, quando as primárias são superadas, surgem aquelas que são conhecidas como *secundárias*, que se iniciam com as necessidades sociais, que compreendem as necessidades de aceitação, de pertencimento, de amizade, de amor e afeto.

As **necessidades de estima**, são as relacionadas à autoconfiança, à aprovação social e ao respeito dos pares e ao prestígio. Por fim, as **necessidades de autorrealização** são aquelas que estão no topo da pirâmide de Maslow e referem-se a desenvolver plenamente o potencial do indivíduo (Maslow, 1987).

É importante grifar que a passagem de uma necessidade para outra, assim com a manifestação e a reação dos indivíduos em cada degrau, varia de pessoa para pessoa. A subida para o próximo degrau da pirâmide só é dada quando são satisfeitas as necessidades do degrau anterior. Nem todos os indivíduos chegam a realizar as necessidades do topo da pirâmide, pois alguns param sua escalada assim que suas necessidades fundamentais são satisfeitas – e não há qualquer coisa de errado com isso.

São vários os autores e várias as teorias pertencentes à teoria comportamentalista, sendo importante saber que o foco principal de seu estudo é o ser humano como ser social e a motivação como principal combustível utilizado na execução das tarefas. Compreender os seres humanos, suas necessidades e o que os motiva é o norte dessa teoria.

1.2.7 Teoria geral dos sistemas

A **teoria geral dos sistemas** (TGS) foi uma proposta de Kenneth Bouilding (1910-1993), economista inglês, e de Ludwig von Bertalanffy (1901-1972), biólogo alemão. Em meados dos anos 1950, eles iniciaram essa teoria baseados no pressuposto de que o avanço científico vinha aumentando a cada dia e os conhecimentos estavam ficando cada vez mais específicos e estudados de maneiras cada vez mais isoladas, e isso poderia ser considerado um erro. Isso ocorria porque a divisão e a especialização dos assuntos científicos era meramente artificial, feitas para que o homem pudesse isoladamente entender determinados acontecimentos da natureza.

De um lado, a especialização é importante e, às vezes, indispensável para proporcionar ao pesquisador um objeto específico, descritível e analisável; de outro, o isolamento cada vez maior faz perder a noção do todo e de que maneira (direta ou indireta) aquele objeto faz parte de um todo muito maior e mais complexo e que, no fim das contas, faz o resto fazer sentido. A integração de soluções parciais para uma solução global é a ideia central da TGS; em outras palavras, a propriedade global de um sistema não pode ser descrita com eficácia observando-se suas partes de maneira isolada (Chiavenato, 1997).

Para melhor ilustrar esses conceitos, vamos imaginar um *laptop* como sistema. Olhando mais de perto, podemos ver que ele é constituído de uma porção de subsistemas – processador, teclado, *mouse*, monitor, disco rígido, placa mãe, memória de acesso randômico (random access memory – RAM), placa e antena Wi-fi. Esses subsistemas são interdependentes e se inter-relacionam entre si para que o sistema maior funcione; a interdependência é tal que, se algum subsistema falhar, o computador não funcionará a contento.

O que compõe um sistema? Quais são as suas características? Imaginemos o exemplo de uma fábrica (Chiavenato, 1997).

1. **Entradas, insumos ou *inputs*** – São a força, a energia ou o impulso importados do ambiente para o funcionamento do sistema, tais como matérias-primas, recursos humanos, energia elétrica etc.
2. **Processamento, transformador ou *throughput*** – Trata-se da etapa em que os insumos são processados pelas pessoas e pelas máquinas para que sejam transformados em produtos finais.
3. **Saídas, produto final ou *output*** – Depois de o insumo ser processado, ele é transformado em produto final e retorna ao ambiente como mercadoria.
4. **Entropia** – Este termo foi importado da segunda lei da termodinâmica e, nesse caso, mostra a tendência dos sistemas abertos

(explicaremos sua definição a seguir) à desagregação, passando de um sistema mais "organizado" (menos entropia) para um mais "desorganizado" (com mais entropia). Segundo essa lei, um sistema tende naturalmente a retornar ao seu estado de máxima entropia. Um exemplo clássico é o de um relógio: por mais bem feito que seja, tende sempre a estragar, e não o contrário. Ocorre que, em um sistema social (e biológico também), é possível atuar para que a entropia seja de alguma forma revertida; no caso do sistema biológico, uma doença estaria fazendo a entropia do ser vivo aumentar e, com a administração de algum remédio, ela seria revertida. Essa entropia negativa é conhecida como *homeostase*.

5. **Homeostase** – Pode ser entendida como o oposto da entropia. É a ação dos gestores da empresa para interromper o processo de entropia, agindo de forma ativa para buscar soluções no ambiente para os problemas que se apresentam.
6. **Retroalimentação, alimentação de retorno, retroinformação ou** *feedback* – É a capacidade que o sistema tem de analisar seu desempenho alcançado e tomar medidas para ajustar o que for preciso para melhorar. Uma organização empresarial tem a necessidade de captar o resultado das suas interações com o ambiente a fim de analisá-los e tomar atitudes para alterá-los no futuro.
7. **Decomposição do sistema em subsistemas** – Os sistemas são formados por subsistemas que, por sua vez, são compostos por subsistemas inferiores – e assim por diante, a depender do nível de complexidade da organização estudada. Essa "cascata" de sistemas e subsistemas acaba por gerar uma hierarquia entre eles.

Um ponto a ser destacado nessa teoria é a inclusão do **ambiente** no contexto a ser estudado, fator que fora ignorado nas teorias anteriores. Enxergar a organização como um elemento que faz parte de um ambiente – composto por fornecedores, clientes, concorrentes, governo etc. – que interage com ela, que a influencia e é influenciado por ela é fundamental.

1.2.8 Abordagem neoclássica

Na década de 1950, nos Estados Unidos, surgiu um movimento que revisitou os valores da administração clássica, dando ênfase aos pressupostos defendidos por ela (organização formal, importância da departamentalização e estrutura). Porém, havia uma nova roupagem, na qual esses pressupostos foram atualizados e tratados de maneira moderna, em que a ênfase passou a ser nos objetivos, nos resultados e na estrutura prática da organização. Esse retorno aos postulados clássicos se deveu, em parte, a uma reação contra a influência cada vez maior de escolas que supervalorizavam o fator humano em detrimento dos fundamentos defendidos pela escola clássica.

Um dos principais expoentes dessa nova visão é o famoso autor e administrador Peter Drucker (1909-2005), que focou seus estudos na obtenção de resultados – em outras palavras, na busca por **metas** e **objetivos**. Dentro do paradigma da abordagem neoclássica, temos uma escola chamada *administração por objetivos* (APO), a qual é amplamente utilizada nos Estados Unidos por organizações privadas e por órgãos públicos, tendo alcançado empresas no mundo todo, inclusive no Brasil (Chiavenato, 1997).

Administração por objetivos (APO)

A **administração por objetivos** (APO) surgiu dentro da abordagem neoclássica quando Peter Drucker publicou o livro chamado *The Practice of Management* (1954), no qual ele descreve a APO pela primeira vez. Essa nova abordagem propôs uma mudança sutil, mas revolucionária, se comparada às teorias até então propostas.

As teorias administrativas estavam focadas "nos meios", e não "nos fins". Ou seja, a maioria das teorias focava seus estudos nas atividades-meio, nos processos organizacionais, esquecendo-se das atividades-fim, que são a razão de ser da organização. Em outras palavras, as organizações existem por um motivo: aquelas com fins lucrativos – como o próprio nome diz – objetivam o **lucro**. Assim, todos os processos dentro daquela organização devem funcionar para que esse objetivo possa ser alcançado.

Se a APO é focada nos objetivos, é necessário conhecê-los. Para tanto, é imprescindível saber onde a organização está no momento atual e onde ela quer chegar. Com base em onde os empreendedores querem chegar daqui a 5 anos, por exemplo, sabe-se que a empresa deve aumentar sua participação no mercado X% ao ano – ou X/12% ao mês. Com esses dados em mãos, os diretores e os gerentes devem adequar seus esforços focando-os no atingimento do objetivo diário, semanal, mensal, anual etc. Com isso, toda a empresa – do setor de compras ao departamento de vendas – tem um só objetivo, um só norte, uma só meta a ser alcançada. Esse objetivo em comum torna os esforços uniformes e serve como uma direção a ser seguida por todos.

É importante ressaltar que os objetivos fixados pelos empreendedores devem ser sempre quantificados, as metas a serem alcançadas devem necessariamente ser expressadas de forma mensurável, de maneira que o desempenho de diretores, gerentes e operários possa ser avaliado.

Como foi estudado nas escolas anteriores, a empresa não funciona isolada do seu ambiente; portanto, mudanças no mercado, nas organizações competidoras e nas legislações podem modificar esse ambiente, influenciando positiva ou negativamente o resultado da empresa. Tendo isso em mente, é fundamental que o plano de objetivos seja constantemente avaliado, revisado e modificado caso haja necessidade. Os objetivos devem ser sempre difíceis de serem alcançados, mas é necessário que sejam possíveis – caso contrário, o efeito sobre os funcionários será o inverso do desejado.

Fixação de objetivos

Baseado no conceito de Drucker, citado anteriormente, quando a empresa sabe onde quer chegar, ela deve ter objetivos claros, com os responsáveis por cada tarefa a ser realizada e os prazos máximos de entrega planejados. Na prática, uma forma de fixar objetivo para a empresa é ter uma **meta**. Por exemplo, ter x% de lucro no final do ano. E, então, quebrar esse objetivo por mês e até por semana, se for necessário. Para alcançar esse objetivo, é necessário ter X horas de atendimento e x números de clientes por mês. Para executar esse atendimento com qualidade, deve-se perguntar se é necessário mais alguém na equipe ou se é possível desenvolver esse trabalho com qualidade com a equipe atual.

Ter as ferramentas disponíveis em mãos é muito importante na hora de fixar um propósito, lembrando que os objetivos devem ser desafiadores, mas não desmotivadores. Acompanhar e adaptar as metas para mais ou para menos é importante. Reconhecer o esforço para atingi-las também é muito importante.

1.2.9 Qualidade total

A **qualidade**, ou seja, a ação de minimizar os defeitos dos produtos e a variação entre eles, é um aspecto que sempre foi mais ou menos importante desde os tempos anteriores à administração científica. Porém, só recentemente ela emergiu como uma forma de gestão propriamente dita.

> **Importante!**
>
> Por volta de 1950, começou a surgir nas indústrias um setor específico, destinado a acompanhar estatisticamente a qualidade dos produtos finais. Esse setor, normalmente chamado de Departamento de Controle de Qualidade, foi ganhando cada vez mais importância dentro das organizações, passando do simples controle estatístico dos produtos conformes e não conformes para ser um dos pontos focais da empresa. Deixou simplesmente de emitir relatórios estatísticos para participar ativamente da gestão do processo planejando ações, controlando sua aplicação, medindo os resultados obtidos e planejando novas ações caso seja necessário.

Segundo Igarashi (2011, p. 67-68), o Japão no pós-Segunda Guerra Mundial é um exemplo de esforço nacional em busca da qualidade total. A partir da rendição japonesa, em 1945, houve um movimento coordenado para transformar as empresas que estavam produzindo artefatos bélicos para o exército imperial japonês em produtoras de bens para exportação focada em clientes civis. Porém, um dos obstáculos era a **percepção** dos consumidores a respeito de produtos vindos do Japão, pois até então a indústria do país era reconhecida pelo baixo custo e também pela qualidade questionável. Em outras palavras, os produtos japoneses da época eram reconhecidos como mercadorias de segunda linha.

Durante a ocupação estadunidense do território japonês, técnicas norte-americanas de gestão foram apresentadas ao governo e aos empresários locais. Essas técnicas foram analisadas e aplicadas com as devidas alterações necessárias. Entre as iniciativas, estavam as relacionadas à qualidade e, tendo essa premissa em mente, o governo japonês, em conjunto com grandes empreendedores, desenvolveu novas estratégias com o objetivo de implementar uma verdadeira revolução na qualidade dos produtos japoneses.

Em meio aos vários pontos abordados, destacamos (Chiavenato, 1997; Igarashi, 2011, p. 67-68):

- **O envolvimento de toda organização na busca da qualidade total** – Desde os empreendedores e a alta gerência, gerentes, líderes e trabalhadores do chão de fábrica devem estar comprometidos com a qualidade total.
- **Busca pela qualidade deve ser contínua** – criação de planos para melhoria dos processos e dos produtos, controle na implementação do plano, análise dos resultados atingidos e adaptação do plano original, a fim de alcançar resultados melhores, controle das novas implementações, nova análise dos resultados atingidos e adaptação do plano de melhoria e assim consecutivamente, em um *looping* eterno em busca do processo que leve a entrega de produtos ou de serviços o mais próximo possível da perfeição.

Tendo em mente tudo o que foi visto, podemos definir *qualidade total* como sendo a adequação daquilo que é produzido às necessidades do cliente, cumprindo a função por ele esperada. Em outras palavras, podemos dizer que a empresa deve entregar ao cliente aquilo que ele espera de determinado produto ou serviço, que deve estar disponível sempre que necessário.

Planejar suas ações tendo sempre em mente a qualidade total é um dos pilares de uma empresa de sucesso. Empregar nas ações o máximo de esforço para que o resultado final seja sempre primoroso e que atenda às necessidades e às expectativas do cliente é fundamental. Porém, apenas um cliente satisfeito não basta; é importante que ele seja fidelizado, que sinta a necessidade de retornar à sua empresa. Nesse sentido, Drucker (1977) afirma que, além de se preocupar em atender às expectativas do cliente e torná-lo satisfeito, é importante fidelizá-lo esse cliente, ou seja, o objetivo não é só o cliente *satisfeito*, mas o cliente *fiel*.

1.2.10 Reengenharia

A **reengenharia**, teoria proposta por Hammer e Champy (1994), tem como objetivo principal abandonar as técnicas de produção até então utilizadas e redesenhar a empresa como um todo, usando modelos modernos de tecnologia aliados a novos processos de produção. Buscava-se proporcionar melhorias impensadas até então, seja na criação e na produção de novos produtos, seja na oferta de serviços que, com as técnicas anteriormente usadas, seriam impossíveis de serem oferecidos.

Umas das principais alterações sugeridas pela reengenharia era a de transformar grandes setores com diversas funções em times de processos que trabalhassem com mais autonomia funcional, em serviços mais específicos e com execução adaptável à demanda. Esse modelo recebeu muitas críticas devido ao alto custo de implementação, além de algumas expectativas que foram criadas e que não alcançaram sucesso em sua execução.

1.2.11 Empowerment

Como o próprio nome sugere, essa técnica tem como objetivo a transferência de poder – controle sobre o trabalho e autoridade para decidir – para os colaboradores diretamente envolvidos com uma atividade específica. Essa passagem de "poder" ou, em uma tradução literal, o "fortalecimento", normalmente gera nos colaboradores um sentimento de valorização, o que acaba por motivá-los a trabalhar mais e melhor e comprometê-los com o resultado a ser alcançado.

Alguns princípios devem ser observados e aplicados para que o **empowerment** alcance os resultados esperados, tais como (Chiavenato, 1997):

- Deixar claro quais são as responsabilidades de cada função.
- Demonstrar que fração de trabalho executada pelo colaborador faz parte de um todo.

- Fazer entender que a autoridade é diretamente proporcional à responsabilidade sobre o processo.
- Fomentar o sentimento de propriedade do colaborador em relação ao processo por ele executado.

Trazer o colaborador para fazer parte do processo decisório requer maturidade de ambas as partes, tanto da alta gerência quanto do funcionário envolvido. O respeito à diversidade de ideias, o processo de identificar as competências de cada um, a liderança dos gestores no sentido de trazer à tona o melhor de cada funcionário e aceitar o erro são tarefas importantes para que essa maneira de administrar obtenha sucesso.

1.2.12 *Learning organization*

Esse conceito foi proposto por Chris Argyris, professor na Universidade de Harvard, e a tradução literal seria algo como "organização que aprende". Em outras palavras, trata-se de uma empresa que tem como cultura organizacional o investimento constante no aprendizado.

Diferentemente da reengenharia, que coloca importância no emprego da tecnologia como fator decisivo para o sucesso, para a *Learning organization*, a maneira de ver a administração evidencia a ideia de que, por mais importante que a tecnologia seja no cenário competitivo atual, são as pessoas que irão operá-la, que irão vender os produtos e que irão usá-los. Sendo assim, o fator-chave de desenvolvimento e manutenção do sucesso é fundamentalmente baseado nas pessoas.

Sob essa perspectiva, investir no crescimento técnico e individual das pessoas envolvidas no processo é realmente importante. Essa maneira de pensar salienta ainda que é necessário aprender com o mercado, com os clientes, com os concorrentes e, principalmente, com os erros e os acertos da própria organização.

1.3 Gestão de processos

A reengenharia de Hammer e Champy (1994), a escola de qualidade total e a gestão de processos são leituras adaptadas da teoria geral dos sistemas (TGS).

> **Importante!**
> A evolução do conhecimento humano levou os cientistas a compartimentar e a especializar cada vez mais seus objetos de análise. Essa especialização é fundamental para delimitar um campo de estudos e proporcionar um "universo analisável" ao pesquisador. Porém, é necessário entender que a fração estudada é parte de um todo, de um contexto amplo e interconectado a outros sistemas e ao ambiente externo.

A integração de soluções parciais para uma solução global é a ideia central da TGS. Em outras palavras, a propriedade global de um sistema não pode ser descrita com eficácia observando-se suas partes de maneira isolada.

É incrível perceber que a abordagem sistêmica, que surgiu somente na década de 1920, foi a primeira teoria administrativa a levar em conta o "lado externo" da organização como parte integrante de seus estudos. Todas as outras teorias anteriores só olhavam para "dentro" da organização, o que lhes dava um viés, no mínimo, simplificado demais, já que o "lado externo" – o ambiente – é fator de influência decisivo nos rumos da empresa. É como se, antes disso, os teóricos estudassem navegação focando todos os seus esforços no navio, sem considerar o mar pelo qual esse navio iria navegar.

A melhoria contínua dos processos é uma ação fundamental para as organizações se adaptarem às mudanças, sejam internas, sejam externas, como estudado anteriormente pela TGS. Essa ação chama-se *homeostase* e é entendida como a ação dos gestores da empresa para interromper o processo de entropia, agindo de forma ativa para buscar soluções no ambiente para os problemas que se apresentam. Para isso, utilização da tecnologia de informação é fundamental, mas diferente da reengenharia. Os sistemas de informação utilizados no caso da gestão de processos servem para gerenciar os processos como um todo, induzindo o administrador a implementar melhorias contínuas onde elas se mostram necessárias.

É certo que todas as organizações – com fins lucrativos ou não, de pequeno ou de grande porte, industriais ou de prestação de serviços – têm a necessidade de coordenar seus esforços a fim de maximizar os resultados. Olhar para esses esforços como **processos** facilita a gestão, possibilitando à empesa estudar, executar e aprender constantemente.

Para entendermos melhor como utilizar a gestão de processos, precisamos aprender algumas definições e nomenclaturas. Afinal, o que são *processos*?

De forma resumida, *processos* são conjuntos de tarefas, atividades e ações realizadas de forma repetida por uma ou mais pessoas, com o objetivo de agregar valor a determinado produto ou serviço, podendo ser destinados à atividade-fim (ao cliente final) ou à atividade-meio (gerência), apresentando entradas e saídas (tangíveis ou não) que possam ser medidas e monitoradas.

Por definição, um **processo** é composto por:

- **Entradas** – Podem ser tangíveis (matérias-primas, produtos, pedidos de clientes) ou intangíveis (decisões a serem tomadas, necessidades do mercado consumidor, inovações).
- **Saídas** – São, basicamente, o resultado do processo.
- **Recursos** ou **meios** – Servem para que as entradas possam ser processadas e se tornem saídas.
- **Meios tangíveis** – Medem o desempenho alcançado por cada processo.
- **Prazo** – Situa o processo no tempo, ou seja, define limites temporais para que ele seja concluído.

A gestão de processos ainda não tem uma definição única e pacífica entre os autores e os cientistas. Escolhemos somente duas delas por motivos didáticos.

Segundo Kane (1986), a gestão de processos passa necessariamente por cinco pontos:

1. cada processo deve ter um responsável;
2. todos os processos devem ser documentados e definidos;
3. deve haver maneiras de medir e controlar o desempenho de cada processo;
4. deve ser desenvolvida uma metodologia e uma linguagem unificada para a gestão de processos;
5. os responsáveis pelos processos devem, de alguma forma, poder certificar de maneira formal o bom andamento dos processos, a fim de monitoramento.

Para Gadd (1995), por sua vez, a gestão de processos está relacionada principalmente a:

1. como definir os processos críticos;
2. como a organização gerencia seus processos;
3. como é medido o desempenho de cada processo, qual é a métrica utilizada e como *feedbacks* negativos são tratados a fim de propor melhorias;
4. perceber a maneira como é incentivada a melhoria dos processos na organização;
5. como as mudanças nos processos são implementadas e como é medido seu resultado.

Importante!

De forma resumida, podemos dizer que o gestor de processos vai planejar os processos que compõem a organização; num segundo momento, ele vai fazer a gestão dos processos observando sua

> execução, corrigindo erros e apontando soluções; finalmente, levando em conta o que houve de errado e o que pode ser melhorado, vai utilizar o conhecimento adquirido com os erros e os acertos para planejar a implementação de mudanças. Depois disso, vai observar e gerir os processos baseado nas mudanças aplicadas, irá novamente aprender com novos erros e novos acertos e voltará a planejar, fazendo disso um ciclo virtuoso no qual a melhoria contínua é o foco principal do seu trabalho.

Existem algumas ferramentas para facilitar a vida do gestor, mas nenhuma delas é tão importante quanto as de sistemas de informação. Os programas computacionais específicos para a gestão de processos de negócio chamam-se *business process management* (BPM) e servem para ajudar o gestor a planejar, gerir e fazer o *benchmark** dos processos de toda a empresa.

Dependendo do BPM utilizado, ele fornecerá ao gestor informações sobre os processos atrasados, os gargalos e as restrições existentes, entre outros indicadores que facilitarão ao tomador de decisão agir quando e onde for necessário. Obviamente, a compra de programas complexos como esses só se justifica em organizações de grande porte e que tenham processos bastante complexos, mas existem soluções *on-line* gratuitas nas quais se pode desenhar processos mais simples.

Imaginando algumas situações que podem ser comuns a empresas de serviços, desenvolvemos a seguir alguns exemplos simples de processos.

Na Figura 1.2, vemos como seria a descrição da tarefa "Contato com o cliente". O processo inicia quando o cliente entra em contato; após ser entendida a demanda, o próximo passo é verificar se a empresa pode atendê-la. Nesse momento, há duas possibilidades: (1) caso seja **não**, é necessário comunicar o cliente sobre a negativa devidamente

---

* Consiste na análise dos processos aplicados pela empresa e por suas concorrentes a fim de identificar as melhores práticas, visando melhorar os resultados alcançados.

justificada e finalizar o processo; (2) caso seja **sim**, prepara-se a proposta e é feita sua apresentação ao cliente. Caso o cliente **não** aceite a proposta, finaliza-se o processo; caso o cliente responda **sim** à proposta apresentada, o processo é finalizado como **aceito**.

Figura 1.2 – Contato com o cliente

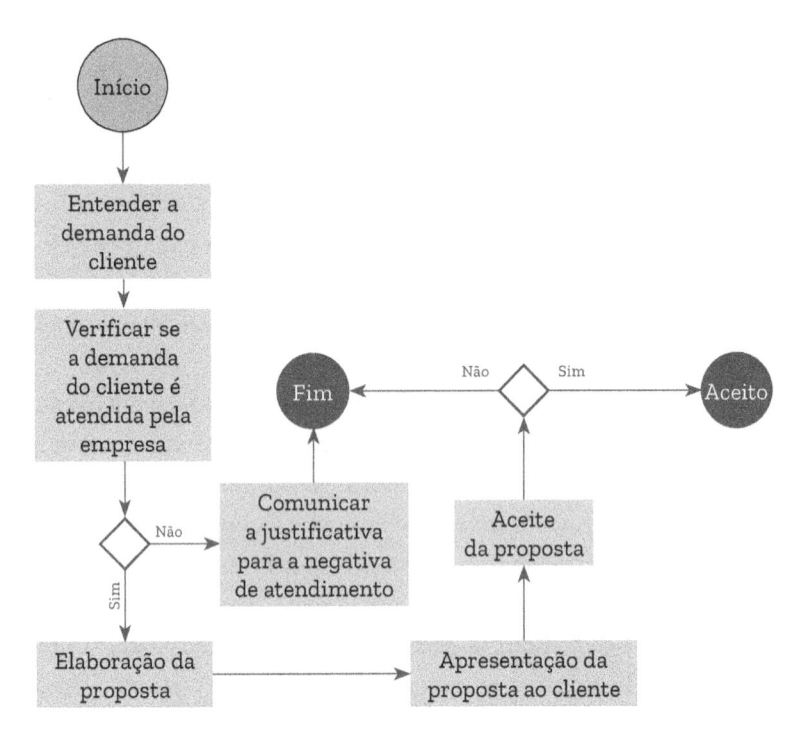

No nosso próximo exemplo (Figura 1.3), temos o processo de pagamento de contas.

O processo começa com o recebimento da nota fiscal (NF) pelo responsável financeiro, que, depois de verificar se o produto ou o serviço foi pedido e se foi entregue em conformidade, pode: **negar** a NF e devolvê-la para o fornecedor, finalizando o processo com sua recusa; **aceitar** a NF (se ela estiver conforme) e dar entrada no sistema de acompanhamento financeiro. Nesse caso, se a NF necessitar de aprovação da diretoria, ela será encaminhada para a devida aprovação: se aprovada, será agendado o pagamento e, depois, quitado, e o processo será **encerrado**; se o pagamento for rejeitado pelo diretor, o fornecedor será comunicado e o processo também será **encerrado**. Se a NF **não** necessitar de aprovação da diretoria, o pagamento será agendado e na data de vencimento o boleto será pago – e o processo será **encerrado**.

Figura 1.3 – Contas a pagar

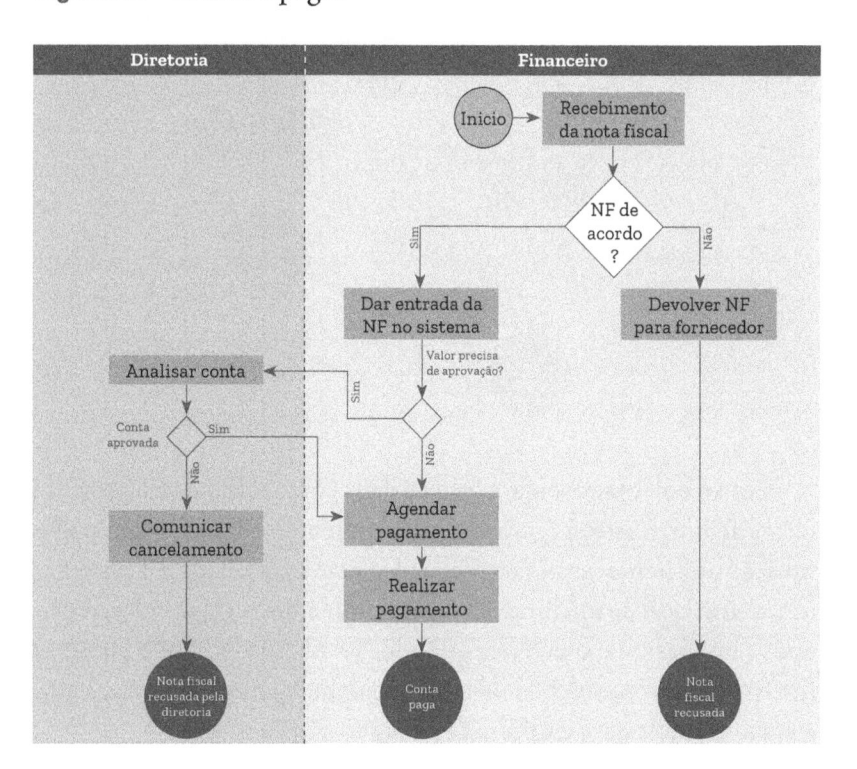

Na Figura 1.4, temos um exemplo de processo um pouco mais complexo (conta com 26 objetos). Tudo começa no comunicado de vendas, no qual uma ordem para faturar o cliente é emitida e o boleto é enviado.

Figura 1.4 – Contas a receber

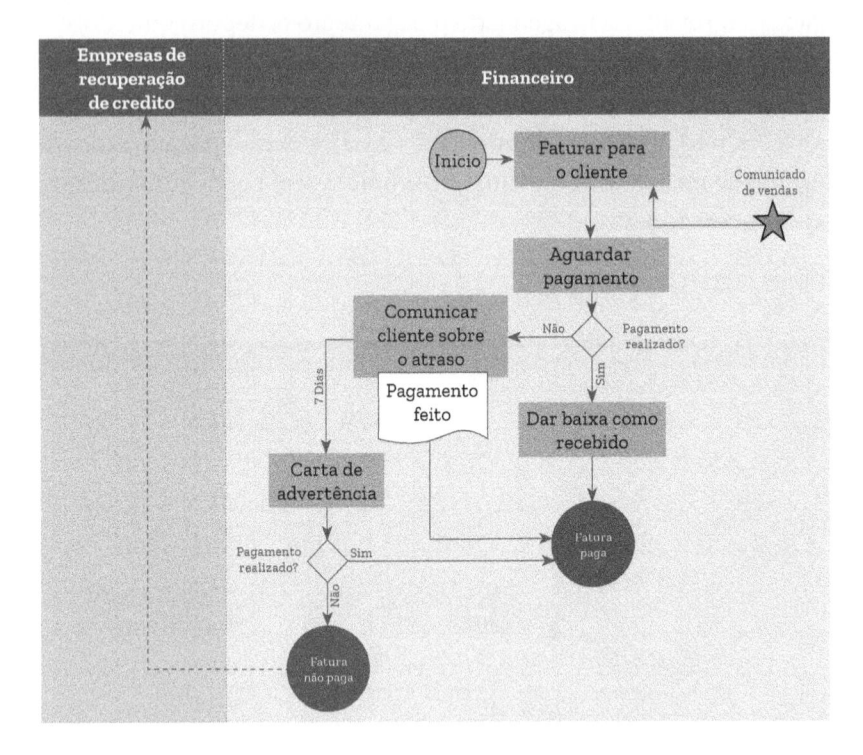

```
Empresas de recuperação de credito | Financeiro

Início → Faturar para o cliente ← Comunicado de vendas ★
        ↓
        Aguardar pagamento
        ↓
        Pagamento realizado? —Sim→ Dar baixa como recebido → Fatura paga
        ↓ Não
        Comunicar cliente sobre o atraso
        (Pagamento feito)
        ↓ 7 Dias
        Carta de advertência
        ↓
        Pagamento realizado? —Sim→ Fatura paga
        ↓ Não
        Fatura não paga
```

Caso o boleto seja pago, a conta é dada como recebida e o processo chega ao fim. Caso o pagamento não seja realizado, é feita uma comunicação ao cliente; caso seja realizado, sua baixa é dada e o processo acaba. Em caso de inadimplência, é emitida uma carta de advertência após sete dias; se o boleto for quitado, é dada sua baixa e o processo finaliza; caso contrário, o boleto é considerado *fatura não paga*, a qual é encaminhada para empresa de recuperação de crédito.

1.3.1 Estrutura do ambiente de trabalho

Faz parte da gestão de processos a **estrutura** do ambiente de trabalho, tanto física quanto organizacional. Com relação à constituição formal e à racionalidade, é necessário pensar que tipo de estrutura se adapta melhor à empresa: se ela tem vários níveis hierárquicos ou **apenas um** e se ela é uma organização com poder de decisão **centralizado** ou **descentralizado**.

Confira exemplos dos quatro tipos na Figura 1.5.

Figura 1.5 – Diferentes estruturas do ambiente de trabalho

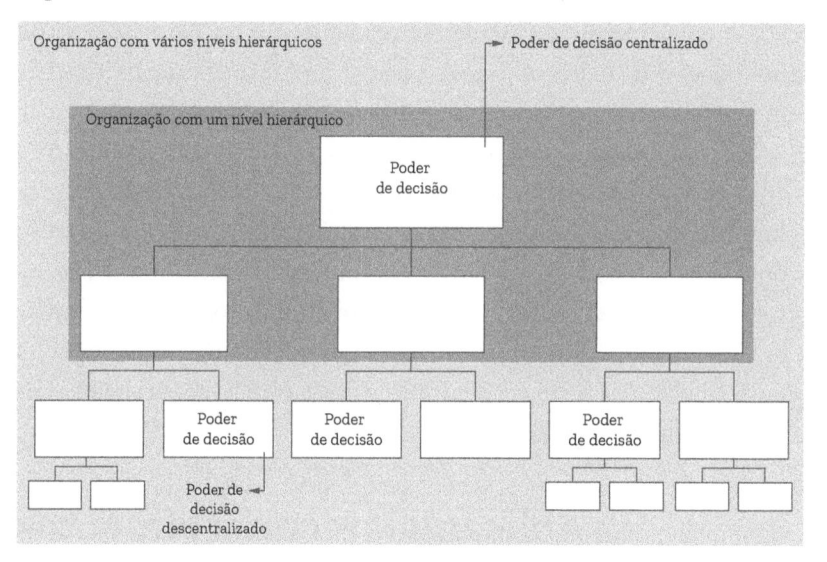

É importante valorizar os colaboradores dentro da organização, como bem ensinam as escolas cujo enfoque se deu nas pessoas, nos fatores motivacionais, na dinâmica, na relação entre grupos e na organização informal. Sem dúvida alguma, eles são um dos fatores decisivos para que a empresa atinja os objetivos planejados.

Já no ambiente físico, é importante que ele seja silencioso, no qual seja possível concentrar-se, e que seja um local discreto, pois os clientes procuram discrição. Deve ser um ambiente confortável, arejado e arrumado, para que passe **segurança** e **confiabilidade** para os clientes e no qual o profissional possa trabalhar de forma organizada e produtiva. É também importante ter uma eficiente rede de internet disponível, já que, hoje em dia, essa é a principal forma de comunicação com os clientes.

1.3.2 Organização do espaço profissional

Também faz parte da gestão de processos a **organização** do ambiente de trabalho, tanto a física quanto a virtual. Deve-se ordenar o caso de cada cliente em uma pasta separada e identificada, em um fichário ou em uma gaveta, bem como é necessário anotar todas as observações em um relatório próprio de cada cliente, sem misturar os casos.

No computador, é preciso separar uma pasta para cada cliente, com todas as observações feitas. Elaborar um resumo com os prazos e as observações passados pelo cliente também facilita o trabalho, bem como fazer um *back-up* regular do computador ou utilizar um *drive* na nuvem de alguma empresa – existem *drives* gratuitos e muito eficazes.

Utilizar procedimentos transparentes e demonstrar que o profissional trabalha de forma organizada transmite mais segurança e mais confiabilidade para o cliente.

1.4 Aplicando os conhecimentos sobre administração na investigação particular

No decorrer deste capítulo estudamos variadas técnicas relacionadas ao mundo da administração. Vamos, agora, tentar colocar tudo o que foi estudado em prática.

Importante!

É preciso separar, de tudo o que foi visto, o que se aplica e o que não se aplica a determinado negócio específico. Mesmo que o modelo de negócio de todos aqui seja "oferecer serviço

> de investigação particular", ainda assim as peculiaridades de cada empreendedor, de cada mercado e de cada tipo de clientes vai fazer com que cada um dos empreendimentos seja diferente do outro.

É fácil notar que o "pêndulo dialético" ainda atua nas modernas teorias administrativas. A tese, a antítese e a síntese permeiam o modo de pensar dos administradores até hoje. É cíclico o foco na produção, seguido pela valorização das pessoas no processo e, como síntese, a aglutinação desses fatores em uma teoria que tenta englobar essas diferenças sob um mesmo paradigma.

As primeiras teorias estão muito focadas em processos produtivos, mas o resultado do trabalho de uma investigação profissional se encaixa em praticamente todos os conceitos da pirâmide de Maslow (com exceção do fisiológico). Em todos os demais níveis da pirâmide, podemos incluir o resultado do trabalho.

Cabe observar também se a estrutura do ambiente de trabalho e a organização do espaço profissional já estão prontas para o negócio de investigação profissional, os quais basta adaptar à realidade da empresa.

Síntese

Vimos, neste capítulo, a administração científica, a teoria da burocracia, a teoria clássica, a teoria das relações humanas, a teoria estruturalista, a abordagem comportamentalista, a teoria geral dos sistemas, a abordagem neoclássica, a administração por objetivos, a qualidade total, a reengenharia, o *empowerment*, a *learning organization* e, finalmente, a gestão de processos, a qual descende da teoria geral dos sistemas e é largamente utilizada, tanto para trabalhos de grande complexidade quanto para empresas com processos mais simples.

Seria impossível aplicar todas as teorias juntas em uma só organização, até porque algumas são antíteses de outras. Por isso, cabe filtrar quais são as teorias que mais se encaixam a cada modelo de negócio. Podemos dar algumas dicas, mas é o empreendedor de uma organização focada na investigação particular quem deve decidir o que mais se adapta às suas necessidades, à sua personalidade e ao mercado que pretende atuar.

É fato que cada uma das teorias aqui estudadas apresenta pontos positivos a serem utilizados na empresa – por exemplo, as tarefas e a racionalização do trabalho nos ensinam que cada atividade a ser executada deve ser estudada, a fim de que seja realizada o mais rápido possível, da maneira mais eficiente e com o menor custo.

Questões para revisão

1. Na sua opinião, quais escolas administrativas têm seu foco de estudos voltados para a estrutura organizacional da empresa?

2. Qual foi a primeira escola a incluir nos seus estudos o ambiente (mercado) em que a empresa está inserida?

3. Segundo a Pirâmide de Maslow, qual é a ordem das necessidades das pessoas (da base para o topo)?

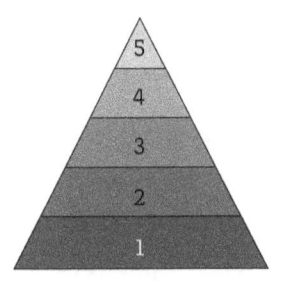

( ) Necessidades de segurança.
( ) Necessidades sociais.
( ) Necessidades fisiológicas.

( ) Necessidades de autorrealização.
( ) Necessidades de Estima.

Assinale a alternativa que apresenta a sequência correta:

a) 2, 3, 1, 4, 5.
b) 2, 1, 3, 5, 4.
c) 2, 3, 1, 5, 4.
d) 1, 2, 3, 4, 5.
e) 2, 1, 4, 5, 3.

4. Sabemos que a tendência das teorias administrativas é a de se oporem à teoria imediatamente anterior em um verdadeiro pêndulo dialético. Tendo isso em mente, a teoria comportamentalista se opunha principalmente a qual teoria?
a) Teoria clássica.
b) Teoria estruturalista.
c) Teoria geral de sistemas.
d) Teoria de processos.
e) Teoria das relações humanas.

5. A teoria que fala sobre a *gestão de processos* pode ser considerada descendente de qual escola?
a) Teoria geral dos sistemas.
b) Teoria da administração científica.
c) Teoria das relações humanas.
d) *Learning organization*.
e) Teoria comportamentalista.

Questões para reflexão

1. Busque informações sobre algumas empresas e verifique quais teorias estudadas neste capítulo se encaixam melhor às características de cada uma em relação a seus gestores e às necessidades de mercado em que elas estão inseridas.

2. Como organizar o ambiente de trabalho da forma a contribuir para os objetivos da empresa?

Para saber mais

BEDÊ, M. A. (Coord.). **Sobrevivência das empresas no Brasil**. Brasília: Sebrae, 2016. Disponível em: <http://www.sebrae.com.br/Sebrae/Portal%20Sebrae/Anexos/sobrevivencidas-empresas-no-brasil-102016.pdf>. Acesso em: 8 out. 2019.

ORLICKAS, E. **Modelos de gestão**: das teorias da administração à gestão estratégica. Curitiba: Ibpex, 2011.
Esses dois livros mostram que a busca contínua por conhecimento é fundamental para qualquer pessoa, e é ainda mais importante para aquelas que buscam o sonho de empreender.

SEBRAE – Serviço Brasileiro de Apoio às Micro e Pequenas Empresas. **Portal Sebrae**. Disponível em: <http://www.sebrae.com.br>. Acesso em: 8 out. 2019.
Sugerimos uma consulta ao *site* do Sebrae, principalmente para quem procura por cursos na área de gestão. Também recomendamos uma visita ao Sebrae da sua região, pois os consultores dessa instituição têm variada experiência na área e dispõem de materiais voltados à gestão de pequenos empreendimentos, que revisam conhecimentos aprendidos neste capítulo.

2

GERENCIAMENTO E PLANEJAMENTO ESTRATÉGICO

Conteúdos do capítulo:
- O conceito de estratégia.
- Tipos de planejamento.
- Ferramentas que ajudam na construção do planejamento estratégico.
- Sugestão de modelo para elaborar o planejamento.

Após o estudo deste capítulo, você será capaz de:
1. elaborar o planejamento estratégico de sua empresa;
2. usar as ferramentas que auxiliam na análise do negócio.

Neste capítulo, veremos a estratégia na condição de conceito e a construção do seu significado. Estudaremos os níveis e os tipos de planejamentos estratégicos de uma empresa, sua definição e os passos para sua confecção.

Apresentaremos ainda algumas ferramentas auxiliares para o conhecimento do negócio e a construção de cenários para a conclusão de viabilidade de negócios.

2.1 A estratégia

O conceito de estratégia é muito antigo. Há aproximadamente 2.500 anos, Sun Tzu, um filósofo chinês que virou general, escreveu o mais conhecido dos manuais de estratégia, *A arte da guerra*, o qual faz muitas aproximações entre os conceitos de *guerra* e de *estratégia*. A palavra *estratégia* procede da palavra grega *strategos*, formada por *stratos*, que significa "exército". A partir dos anos 1960, o estudo da estratégia passou a ser objeto de interesse da área da administração e, a partir de então, o volume da literatura especializada no assunto só aumentou.

O pesquisador Steiner (1994) definiu estratégia como as ações necessárias para o alcance dos objetivos definidos. Segundo Mintzberg (1987) existem, pelo menos, cinco formas para definir estratégia, sendo elas (1) plano, (2) perspectiva, (3) pauta de ação, (4) padrão e (5) posição.

O **plano**, que é a forma mais comum de estratégia, é definido como uma espécie de curso de ação conscientemente determinado, um guia. Ou seja, primeiro as estratégias são formadas e, depois, implementadas. Esse tipo de estratégia é feito de forma planejada, sem ser por impulso.

Como **perspectiva**, primeiro olha-se para dentro da organização, ou seja, cada empresa tem uma maneira de fazer as coisas. Essa estratégia é mais abstrata e intuitiva. Todavia, desde um ponto de vista restrito, a estratégia pode ser concebida como **pauta de ação** – por exemplo, as manobras que as empresas utilizam no jogo do mercado, para fazer frente aos competidores. Essa estratégia é conhecida como *blefe* e a vemos em jogos de pôquer, por exemplo.

Mintzberg (1987) define também a estratégia **padrão** como aquela que surge durante o planejamento estratégico e segue sendo realizada pelas empresas de forma padronizada, ou seja, sem grandes alterações ao longo do passar dos anos. Esse tipo de estratégia pode ser classificada ainda como **deliberativa**, quando parte dos líderes para os liderados, e **emergente**, quando é utilizada para resolver uma questão que precisa ser solucionada imediatamente.

Por fim, a estratégia de **posição** é definida nos termos empresariais como a localização da empresa naquilo que os teóricos chamam de *ambiente externo*. Ou seja, é vista como uma maneira de posicionar recursos para apresentar maiores chances de derrotar um inimigo ou um concorrente.

Importante!

Conhecer a classificação das estratégias proposta por Mintzberg (1987) é relevante para as empresas, para que saibam como se posicionar em cada situação, tendo assim um planejamento estratégico eficaz e bem alinhado, o que acarreta o cumprimento das metas estabelecidas.

Para Andrade (2016), a estratégia pode ser conceituada também como um processo cuja finalidade é possibilitar o alcance da situação futura desejada pela organização. E o principal instrumento utilizado neste sentido é o planejamento estratégico, cujo desenvolvimento inclui três diferentes níveis de estratégia: (1) a corporativa, (2) a estratégia ao nível de unidade de negócio e (3) a funcional.

A **estratégia corporativa**, segundo Craig e Grant (1999), refere-se às decisões relativas aos negócios em que a empresa deve entrar e sair e como ela deve distribuir os recursos entre os diferentes negócios que está envolvida. A **estratégia** ao nível **de unidade de negócios**, ou **estratégia competitiva**, diz respeito aos meios pelos quais a empresa busca uma vantagem competitiva em cada um de seus negócios mais importantes. Por último, a **estratégia funcional** inclui as decisões e as ações desenvolvidas pelas diversas áreas funcionais da empresa, tais como produção, marketing, finanças, materiais e gestão de pessoas.

A Figura 2.1 representa cada uma dessas estratégias. Confira.

Figura 2.1 – Níveis estratégicos

ESTRATÉGIA CORPORATIVA: ANÁLISE DA ATRATIVIDADE — Em que setor vamos atuar, devemos entrar ou sair?	→	MATRIZ DA CORPORAÇÃO	
A ESTRATÉGIA AO NÍVEL DE UNIDADE DE NEGÓCIOS — ANÁLISE DA COMPETITIVIDADE — Como desenvolver as atividades frente ao ambiente competitivo?	→	UNIDADE DE NEGÓCIOS A	UNIDADE DE NEGÓCIOS B
A ESTRATÉGIA FUNCIONAL — Desenvolvimento de estratégias de ação pelas áreas funcionais da empresa	→	PRODUÇÃO / MARKETING / FINANÇAS	PRODUÇÃO / MARKETING / FINANÇAS

Fonte: Adaptado de Andrade, 2016, p. 10.

Thompson e Strickland III (2004) comentam que, para uma empresa isolada, de um único negócio, a estratégia corporativa e a estratégia da unidade de negócios é a mesma coisa. Isso ocorre porque existe somente um negócio; a distinção entre essas estratégias só é relevante quando a empresa trabalha em áreas diversificadas.

2.2 Planejamento estratégico

Muitos empresários acreditam que o planejamento constitui uma atividade altamente complexa, com um elevado custo de implantação e, consequentemente, acessível apenas para as empresas maiores. Na realidade, o planejamento é parte de todas as empresas e está no dia a dia de todas as pessoas.

No caso de pequenas empresas, o planejamento é, muitas vezes, feito inconscientemente e por etapas, as quais incluem itens como a definição de objetivos, o diagnóstico para atingi-los e as ações tomadas para isso. Muitas vezes, esse processo não é nem colocado em um rascunho e fica apenas na mente do gerente. Porém, com o passar do tempo, o gerente ou o executivo vê a necessidade de ter algo planejado de maneira mais formal, a fim de dispor de um processo mais racional e robusto e com histórico.

O planejamento precisa ser um processo formal, com uma distribuição de atividades feita de maneira racional e organizada. Deve ser sistêmico, porque as etapas que o constituem formam um conjunto de ações interdependentes e interativas. Também precisa ser flexível, pois são necessárias uma realização frequente e uma atualização dos principais pontos.

Nesse sentido, o planejamento é o ponto de partida para qualquer ação que seja focada em resultados. Cada nível organizacional corresponde a um tipo de planejamento. Vejamos a Figura 2.2 a seguir.

Figura 2.2 – Nível organizacional *versus* tipo de planejamento

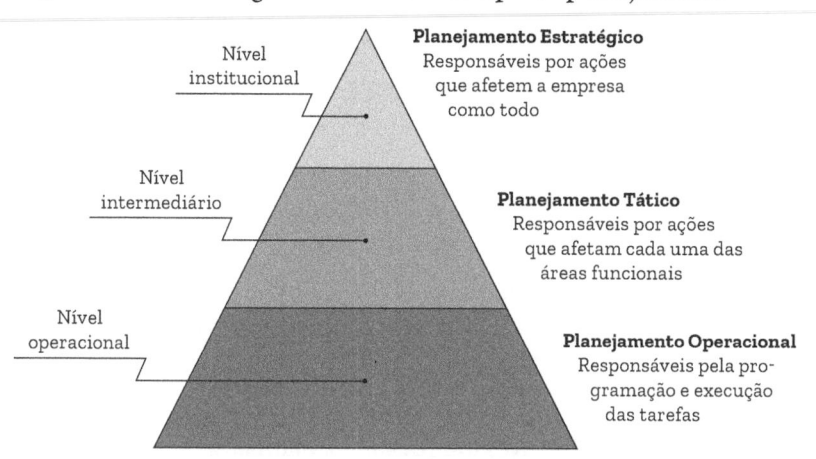

- **Nível institucional** — **Planejamento Estratégico**: Responsáveis por ações que afetem a empresa como todo
- **Nível intermediário** — **Planejamento Tático**: Responsáveis por ações que afetam cada uma das áreas funcionais
- **Nível operacional** — **Planejamento Operacional**: Responsáveis pela programação e execução das tarefas

Fonte: Andrade, 2016, p. 13.

O sistema de planejamento organizacional é composto por três tipos de planejamento. Cada um deles apresenta características, prazo e detalhamento específicos.

Figura 2.3 – Tipos de planejamento

PLANEJAMENTO ESTRATÉGICO	PLANEJAMENTO TÁTICO	PLANEJAMENTO OPERACIONAL
Planejamento Estratégico	Planejamento de marketing	Pesquisa de Mercado Plano de Vendas Plano de promoções
	Planejamento de Recursos Humanos	Plano de recrutamento de seleção Plano de benefícios Plano de treinamento
	Planejamento Financeiro	Plano de investimentos Plano de financiamentos Orçamento
• Abrange a empresa como um todo • É pouco detalhado • Longo prazo	• Abrange cada departamento específico • É detalhado • Médio prazo	• Abrange cada tarefa • É bastante detalhado e analítico • Curto prazo

Fonte: Andrade, 2016, p. 15.

Algumas características compõem o planejamento estratégico da empresa. São elas (Thompson Jr.; Strickland III, 2004):

- **Nível de conduta** – O planejamento deve envolver todos os níveis hierárquicos da empresa, desde a presidência e a diretoria até gerentes e todas as demais áreas operacionais do negócio.
- **Regularidade** – Deve ter a função de nortear o negócio e passar por atualizações e adaptações sempre que surgir uma nova oportunidade ou alguma mudança no mercado.
- **Valores subjetivos** – Os valores da organização, uma vez definidos pela diretoria, devem seguir a mesma linha em todo o planejamento e em todos os níveis da empresa.
- **Necessidade de informações** – O planejamento estratégico requer uma variedade de informações e de origens, os dados precisam ser de fontes seguras e relevantes.
- **Horizontes de tempo** – Em todo o planejamento, devem-se contemplar os prazos para alcançar os resultados esperados, seja longo, seja médio, seja curto, dependendo do grau de complexidade e de níveis hierárquicos abrangidos.
- **Facilidade de avaliação** – É necessário medir os resultados alcançados em cada um dos níveis e dos departamentos.

A operacionalização do planejamento estratégico requer um processo a ser seguido. Segundo o Serviço Brasileiro de Apoio às Micros e Pequenas Empresas (Sebrae), os itens descritos no Quadro 2.1 são aqueles que se deve ter em mente para a elaboração do planejamento da empresa.

Quadro 2.1 – Operacionalização do planejamento estratégico

	Sumário executivo	
Missão e visão da empresa	A **missão** da empresa é o papel que ela desempenha em sua área de atuação. Já a **visão** é como a empresa quer ser reconhecida no futuro.	• Qual é o seu negócio? • Quem é o consumidor? • Onde quero chegar?
Setores de atividade	Define-se qual é o negócio da empresa e, em seguida, em qual(quais) setor(es) ela pretende atuar.	Prestação de serviços? Agropecuária? Indústria? Comércio?
Forma jurídica	A forma jurídica determina a maneira pela qual ela será tratada pela lei, assim como seu relacionamento jurídico com terceiros.	• Microempreendedor Individual (MEI). • Empresário Individual. • Empresa Individual de Responsabilidade Limitada (Eireli). • Sociedade Limitada.
Enquadramento tributário	O Simples Nacional destina-se às empresas que se beneficiarão da redução e da simplificação dos tributos, além do recolhimento de um imposto único.	Optante pelo Simples? ( ) Sim. ( ) Não.
Capital social	O capital social é representado por todos os recursos (dinheiro, equipamentos, ferramentas etc.) colocado(s) pelo(s) proprietário(s) para a montagem do negócio.	Porcentagem de participação de cada sócio.
Fonte de recursos	Aqui é determinado de que maneira serão obtidos os recursos para a implantação da empresa.	Recursos próprios, de terceiros ou ambos.

Fonte: Elaborado com base em Rosa, 2013.

O primeiro passo é realizar um diagnóstico estratégico do ambiente externo. É necessário elaborar uma pesquisa de mercado, conhecendo os concorrentes e o mercado em que estão inseridos, bem como contatá-los os clientes por meio de pesquisas, entrevistas e conversas, e também quem serão os fornecedores.

Para o Sebrae, as informações coletadas vão traçar um retrato do mercado e indicar se a empresa está indo na direção do que desejam os futuros clientes. Após traçar um perfil do cliente, é importante pensar no posicionamento do produto/serviço.

Quadro 2.2 – Análise de mercado

Análise de mercado		
Estudo dos clientes	Os clientes não compram apenas produtos, mas soluções para algo que precisam ou desejam.	• As características gerais dos clientes. • Os interesses e o comportamento dos clientes. • O que leva essas pessoas a comprar? • Onde estão os clientes?
Estudo dos concorrentes	Deve-se identificar quem são os principais concorrentes. Com base nesse estudo, deve-se visitá-los e examinar suas boas práticas e suas deficiências.	• Preço cobrado. • Localização. • Condições de pagamento – prazos concedidos, descontos praticados etc. • Atendimento prestado. • Serviços disponibilizados. • Garantias oferecidas.
Estudo dos fornecedores	Deve-se levantar quem serão os fornecedores de equipamentos, ferramentas, móveis, utensílios, matérias-primas, embalagens, mercadorias e serviços.	• Condições de pagamento. • Prazo de entrega. • Preço.

Fonte: Elaborado com base em Rosa, 2013.

Com a análise de mercado concluída, é possível a entender melhor os potenciais clientes, concorrentes e fornecedores. Com esse conhecimento em mãos, pode-se planejar quais são as ações necessárias que devem ser tomadas para que os potenciais clientes adquiram os serviços da empresa, e não os dos concorrentes. Isso será definido no **plano de marketing**.

Quadro 2.3 – Plano de marketing

Plano de marketing		
Descrição dos principais produtos e serviços	Aqui, deve-se descrever os principais itens que serão fabricados, vendidos ou os serviços que serão prestados.	Quais serviços serão prestados, suas características e as garantias oferecidas.
Preço	Preço é o que consumidor está disposto a pagar pelo que a empresa irá oferecer.	Ao mensurar os custos, as despesas e o lucro desejado, é necessário avaliar se o preço está competitivo e se o cliente está disposto a pagar.
Estratégias promocionais	Promoção é toda ação que tem como objetivo apresentar, informar, convencer ou lembrar os clientes de comprar os produtos ou os serviços da empresa, e não os dos concorrentes.	• Propaganda em rádio, jornais e revistas. • Internet. • Mala direta, folhetos e cartões de visita. • Catálogos.
Estrutura de comercialização	A estrutura de comercialização diz respeito aos canais de distribuição, isto é, como os produtos e/ou serviços chegarão até os os clientes.	• Vendedores internos e externos. • Representantes.
Localização do negócio	Aqui é necessário identificar a melhor localização para a instalação do negócio e justificar os motivos da escolha desse local.	Um bom ponto comercial é aquele que gera um volume razoável de vendas.

Fonte: Elaborado com base em Rosa, 2013.

Depois de conhecer quem são os clientes, os concorrentes, os fornecedores e as estratégias de marketing, o próximo passo é fazer um plano operacional e um plano financeiro. Segundo o Sebrae, o plano operacional precisa descrever como a empresa está estruturada: localização, instalações físicas e equipamentos (Rosa, 2013). O empresário também faz estimativas acerca da capacidade produtiva ou de quantos clientes consegue atender por mês, além de traçar quantos serão os funcionários e as tarefas de cada um.

Quadro 2.4 – Plano operacional

Plano operacional		
Layout ou arranjo físico	Por meio do *layout* ou arranjo físico, deve-se definir como será a distribuição dos diversos setores da empresa.	• Maior facilidade na localização dos produtos pelos clientes na área de vendas. • Melhoria na comunicação entre os setores e as pessoas.
Capacidade produtiva/ comercial/ serviços	É importante estimar a capacidade instalada da empresa, isto é, o quanto pode ser produzido ou quantos clientes podem ser atendidos com a estrutura existente.	
Processos operacionais	É o momento de registrar como a empresa irá funcionar. Deve-se pensar em como serão feitas as várias atividades, descrevendo etapa por etapa, a prestação dos serviços e até mesmo as rotinas administrativas.	
Necessidade de pessoal	Faz-se a projeção do pessoal necessário para o funcionamento do negócio. Esse item inclui o(s) sócio(s), os familiares (se for o caso) e as pessoas a serem contratadas.	

Fonte: Elaborado com base em Rosa, 2013.

Para o Sebrae, no **plano financeiro** o empreendedor deverá definir quais serão os investimentos necessários, incluindo custos iniciais, despesas, receitas, capital de giro, fluxo de caixa e lucros (Rosa, 2013). Os custos pré-operacionais devem ser projetados, identificando-se o que será necessário adquirir para que a empresa seja aberta, como aluguel e reforma do espaço e as taxas de registro.

Além disso, é necessário estipular o capital de giro, que é o montante de recursos para garantir o funcionamento normal da empresa, principalmente para as despesas e as receitas. Confira os detalhes no quadro a seguir.

Quadro 2.5 – Plano financeiro

	Plano financeiro	
Investimento total	Deve-se determinar o total de recursos a ser investido, para que a empresa comece a funcionar.	• Investimentos fixos. • Capital de giro. • Investimentos pré-operacionais.
Estimativa dos investimentos fixos	O investimento fixo corresponde a todos os bens que devem ser comprados para que o negócio possa funcionar de maneira apropriada.	• Máquinas. • Móveis. • Utensílios. • Ferramentas. • Veículos.
Capital de giro	O capital de giro é o montante de recursos necessário para o funcionamento normal da empresa, compreendendo a compra de matérias-primas ou mercadorias, o financiamento das vendas e o pagamento das despesas.	• Estoque inicial. • Caixa mínimo. • Contas a receber. • Fornecedores.
Investimentos pré-operacionais	Compreendem os gastos realizados antes do início das atividades da empresa, isto é, antes que ela abra as portas e comece a vender.	• Despesas de legalização. • Obras civis e/ou reformas. • Divulgação. • Cursos e treinamentos.

(continua)

(Quadro 2.5 – conclusão)

Plano financeiro		
Estimativa do faturamento mensal da empresa	Uma forma de estimar o quanto a empresa irá faturar por mês é multiplicar a quantidade de produtos a serem oferecidos pelo seu preço de venda, que deve ser baseado em informações de mercado.	• O preço praticado pelos concorrentes diretos. • O quanto os potenciais clientes estão dispostos a pagar.
Estimativa dos custos com mão de obra	Deve-se definir quantas pessoas serão contratadas (se necessário) para realizar as diversas atividades do negócio. Deve-se pesquisar e determinar quanto cada empregado receberá.	Além dos salários, devem ser considerados os custos com encargos sociais (FGTS*, férias, 13° salário, INSS**, horas extras, aviso prévio etc.).
Demonstrativo de resultados	Após reunir as informações sobre as estimativas de faturamento e os custos totais (fixos e variáveis), é possível prever o resultado da empresa, verificando se ela possivelmente irá operar com lucro ou com prejuízo.	
Construção de cenários	Após a finalização do plano de negócio, é preciso simular valores e situações diversas para a empresa. Vale preparar cenários nos quais o negócio obtenha resultados pessimistas (queda nas vendas e/ou aumento dos custos) ou otimistas (crescimento do faturamento e diminuição despesas).	• Nos primeiros meses, as vendas podem ser menores do que o previsto. • O início das atividades pode ser um pouco mais demorado do que o programado. • Estratégias de marketing podem não surtir os efeitos esperados no curto prazo. • Necessidade de obter mais recursos financeiros do que o previamente planejado. • Possíveis reações de concorrentes.

Fonte: Elaborado com base em Rosa, 2013.

* Fundo de Garantia do Tempo de Serviço (FGTS).

** Instituto Nacional do Seguro Social (INSS).

Os ensinamentos da obra *A arte da guerra*, de Sun Tzu, podem ser úteis para qualquer empreendedor. O principal recado do livro é: "Se você conhece o inimigo e conhece a si mesmo, não precisa temer o resultado de cem batalhas. Se você se conhece, mas não conhece o inimigo, para cada vitória ganha sofrerá uma derrota. Se você não conhece nem o inimigo nem a si mesmo, perderá todas as batalhas" (Tzu, 1997, p. 8).

2.3 Ferramentas de análise

Existem ainda algumas ferramentas que ajudam no conhecimento do empreendimento e na construção de cenários para a conclusão de viabilidade de negócios.

A **matriz Swot**, ou **Fofa**, é uma ferramenta da administração que busca facilitar a visualização para a tomada de decisão da empresa. Ela foi desenvolvida pelo norte-americano Albert Humphrey, da Universidade de Stanford, entre as décadas de 1960 e 1970 (Andrade, 2016).

> ### Importante!
> O termo Swot é o acrônimo de *Strengths, Weaknesses, Opportunities* e *Threats*. Quando o traduzimos para o português, temos a sigla Fofa, que significa *Forças, Oportunidades, Fraquezas* e *Ameaças*. Essa matriz representa o ponto de vista da empresa sobre essas características e se divide em duas partes:
>
> 1. Análise do ambiente interno, identificando os pontos fortes e os pontos fracos da empresa.
> 2. Análise do ambiente externo, enfatizando as oportunidades e as ameaças.

Vejamos alguns detalhes no quadro a seguir.

Quadro 2.6 – Análise Swot

	Fatores positivos	Fatores negativos
	Pontos fortes	**Pontos fracos**
Fatores internos	Quais nossas melhores atividades e processos? Quais nossos melhores produtos? Quais nossos melhores recursos? Qual nossa maior vantagem competitiva?	Nosso pessoal está devidamente capacitado? Nossos processos são confiáveis? Conhecemos nossa concorrência?
	Oportunidades	**Ameaças**
Fatores externos	Alguma política pública de ampliação de crédito que possa alavancar as vendas? Alguma redução temporária de impostos que possa nos beneficiar? Algum evento esportivo ou cultural na região que possamos aproveitar?	Alguma nova política de tributação pode afetar nossa margem de contribuição? A variação cambial pode tornar inviável a importação de matérias-primas? Algum grande concorrente entrando em nosso mercado?

A respeito do ambiente interno, quando é feita a análise das forças e das fraquezas, estão sendo avaliados **fatores internos** da empresa, ou seja, o que está sob o seu controle. Uma vez que a empresa tenha o conhecimento de quais são suas forças, ela pode gerenciá-las para mantê-las e torná-las mais fortes. E sabendo quais são suas fraquezas, ela poderá tomar as ações necessárias para corrigi-las ou erradicá-las.

Além disso, conhecendo as oportunidades do ambiente em que está inserida, poderá atuar proativamente para aproveitar o momento certo.

Sobre a análise do ambiente externo, as oportunidades e as ameaças são fatores de fora da empresa sobre os quais ela não tem ação direta. Todavia, é fundamental acompanhar e saber reagir rapidamente para cada uma das oportunidades e das ameaças que o mercado oferece. Uma vez que a empresa conheça quais são as oportunidades do ambiente em que está inserida, poderá atuar proativamente para aproveitar o momento certo. Além disso, sabendo quais são as principais ameaças do mercado em que se encontra, é possível atuar para minimizar os impactos e impedir que elas afetem os resultados da empresa.

> **Importante!**
> A principal falha no uso da análise Swot é apenas preencher a matriz. Esse é só o começo da análise Swot. Logo após completar a matriz, é preciso reunir os gestores e fazer um estudo sobre o que a empresa pode e deve fazer para tirar o máximo proveito dos seus pontos fortes e de suas oportunidades, aperfeiçoar seus pontos fracos e tentar erradicar ou minimizar o efeito das ameaças potenciais. Ou seja, é necessário um plano de ação detalhado.

Há ainda o **Business Model Canvas**, ou quadro de modelo de negócios, que é uma ferramenta de gerenciamento estratégico. Ela permite desenvolver e desenhar os modelos de negócio novos ou já existentes. Trata-se de um mapa visual pré-formatado, que tem nove blocos do modelo de negócios. O Canvas, como é popularmente conhecido, foi uma proposta de Alexander Osterwalder em 2004, baseado em seus estudos anteriores sobre Business Model Ontology da Université de Lausanne.

A ideia do Canvas é ser flexível, de maneira que possa ser preenchido com papéis autocolantes. Os assuntos estão agrupados em quatro questões que precisam ser respondidas (Andrade, 2016):

1. **Qual será o negócio?** A resposta será a proposta de valor, o norte do empreendimento. Exemplificando, o negócio principal como investigação particular.
2. **Quem irá utilizar o serviço?** Aqui estão incluídos três blocos: segmento de cliente; canais; relacionamento com clientes. Ou seja,

os clientes poderão ser famílias, empresas e pessoas individuais que necessitam de um serviço de investigação particular; os canais de relacionamento podem ser meios digitais, meios de comunicação impressos ou canais especializados; e a forma de relacionamento com os clientes pode ser por meios digitais e telefônicos.

3. **Como será realizado o trabalho?** Deve-se descobrir quais são os recursos principais, as atividades e os parceiros mais relevantes.
4. **Quanto cobrar pelo serviço?** Deve-se avaliar quais e como serão obtidas as receitas e qual será a estrutura de custos para viabilizar o negócio.

Figura 2.4 – Canvas

Parcerias principais	Atividades – chave	Proposta de valor	Relacionamento	Segmentos de clientes
	Recursos principais		Canais	
Estrutura de custos			Fontes de receitas	

Fonte: Elaborado com base em Rosa, 2013.

O principal objetivo é organizar as ideias do empreendedor, possibilitando que ele atualize o modelo quantas vezes for necessário, até conseguir perceber o negócio como um todo.

Outra ferramenta que pode direcionar a busca dos mercados-alvo é conhecida como 5W2H. Essa sigla representa as sete letras iniciais (em inglês) de questionamentos que devem ser respondidos para complementar a análise da segmentação de mercado, como mostra o Quadro 2.7.

Quadro 2.7 – 5W2H

5 W	2H
What (o que será feito?) Why (por que será feito?) Where (onde será feito?) When (quando?) Who (por quem será feito?)	How (como será feito?) How much (quanto vai custar?)

O 5W2H surgiu no Japão e foi criado na indústria automobilística. Porém, é uma ferramenta administrativa e é utilizada em todos os segmentos, ajudando as empresas a ter clareza sobre seu negócio.

Também existe a matriz BCG, a qual classifica os produtos ou as unidades de negócios com base em dois fatores: (1) a taxa de crescimento do mercado e (2) a participação relativa neste mercado.

Essa metodologia permite identificar quais nichos de mercado são mais interessantes de serem explorados em detrimento daqueles que não oferecem grande expectativa. Saber quais nichos oferecem mais oportunidades economiza tempo e recursos financeiros.

Quadro 2.8 – Matriz BCG

Taxa de crescimento do mercado			
	Alta	**ESTRELA** Grande participação de mercado. Taxa de crescimento de mercado alta.	**DILEMA** Pequena participação de mercado. Taxa de crescimento de mercado alta.
	Baixa	**VACA LEITEIRA** Grande participação de mercado. Taxa de crescimento de mercado baixa.	**PESO MORTO** Pequena participação de mercado. Taxa de crescimento de mercado baixa.
		Alta	Baixa

Os produtos denominados *vaca leiteira* são aqueles que têm alta participação em um mercado que apresenta uma taxa de crescimento não tão elevada, um mercado mais estável. Essa situação permite a geração de receita excedente em função de que não é necessário fazer grandes investimentos para manter o produto com boa participação no mercado.

Já os produtos *estrela* têm como característica a alta participação em um mercado que apresenta grande taxa de crescimento. Nesse caso, a empresa precisa manter ou melhorar os investimentos de acordo com o crescimento do mercado, para que se mantenha a participação nesse cenário.

Nos casos dos produtos *dilema*, a característica principal é uma baixa participação em um mercado com taxa de crescimento alta. Existe a necessidade de grandes investimentos para que o produto acompanhe o ritmo de crescimento do mercado.

Temos ainda o *peso morto*, o qual tem como característica a pequena participação em um mercado em declínio ou com baixa taxa de crescimento. Caso esses produtos apresentem uma boa margem de lucro, deve-se manter o equilíbrio de oferta e demanda. Porém, quando há dificuldade de aumentar as vendas e conquistar uma posição melhor, as empresas retiram o produto do mercado.

Essa ferramenta é importante no apoio do planejamento estratégico, uma vez que, no decorrer da sua análise, a empresa pode verificar como seus produtos se enquadram nessa matriz, facilitando a identificação de oportunidades e de ameaças.

O planejamento estratégico pode ser considerado uma "bússola" para a empresa, pois é ele que mostrará aos gestores e aos colaboradores para onde todos devem "remar". Ir devagar, sabendo aonde chegar, é muito mais importante do que ir rápido sem destino definido. E é exatamente isto que o plano estratégico dá aos integrantes de uma organização: a possibilidade de caminhar na direção certa.

Síntese

Neste capítulo, vimos os conceitos de estratégia e o planejamento estratégico e percebemos que fazer um planejamento estratégico não é tão complicado como se imagina. Conhecer o ambiente em que a empresa está inserida, suas variáveis e definir as estratégias é fundamental para o sucesso do negócio. Por isso, é preciso utilizar todas as ferramentas que estão disponíveis e obter o máximo de informações dos fatores externos para usar a favor da empresa.

Ter um plano de negócios em cada um dos departamentos ajuda a ter um maior controle de todas as variáveis e isso facilita a gestão do negócio. Não basta fazer o planejamento e esquecê-lo em uma gaveta. É preciso usá-lo, acompanhá-lo e adaptá-lo às necessidades da empresa.

Questões para revisão

1. Qual é o conceito de estratégia e quais os seus três níveis?
2. Quais são as principais características que compõem um planejamento estratégico?
3. Sobre níveis organizacionais e tipos de planejamento, faça a respectiva relação.
    1) Nível institucional.
    2) Nível intermediário.
    3) Nível operacional.

    ( ) Planejamento tático – responsável por ações que afetam cada uma das áreas funcionais.
    ( ) Planejamento operacional – responsável pela programação e pela execução das tarefas.
    ( ) Planejamento estratégico – responsável por ações que afetem a empresa como um todo.

Assinale a alternativa com a resposta correta:

a) 1, 2, 3.
b) 3, 2, 1.
c) 2, 3, 1.
d) 3, 1, 2.
e) 1, 3, 2.

4. "Após completar a matriz, é preciso reunir os gestores e fazer uma análise do que a empresa pode e deve fazer para tirar o máximo proveito dos seus pontos fortes e de suas oportunidades, aperfeiçoar seus pontos fracos e tentar erradicar ou minimizar o efeito das ameaças potenciais." A qual ferramenta de análise se referem essas características?
a) Matriz BGC.
b) Canvas.
c) Swot.
d) 5W2H.
e) Workflow.

5. Com relação à matriz BCG, um produto tem uma alta participação em um mercado mais estável, ou seja, tem uma baixa taxa de crescimento. Essa característica se encaixa em qual quadrante da matriz?
a) Estrela.
b) Dilema.
c) Vaca leiteira.
d) Peso morto.
e) Nenhuma das anteriores.

Questões para reflexão

1. Imagine que você abriu uma empresa no segmento de investigação profissional. Elabore um relatório elencando os seguintes fatores: cliente-alvo; concorrentes; estratégias para destacar-se no mercado; estrutura organizacional.

2. Sobre a empresa do exercício anterior, reflita sobre quais devem ser a missão e a visão do negócio.

Para saber mais

DRUCKER, P. **Administrando para o futuro**. São Paulo: Pioneira, 1993.

MINTZBERG, H. Crafting Strategy. **Harvard Business Review**, p. 66-75, July/Aug. 1987. Disponível em: <https://hbr.org/1987/07/crafting-strategy>. Acesso em: 8 out. 2019.

SEBRAE – Serviço Brasileiro de Apoio às Micro e Pequenas Empresas. **Portal Sebrae**. Disponível em: <http://www.sebrae.com.br>. Acesso em: 8 out. 2019.

O referencial teórico é muito importante para você adquirir mais conhecimentos. Sugerimos o livro de Peter Drucker e o artigo de Henry Mintzberg, pesquisadores que são referências nos assuntos desse capítulo. Existem também órgãos como o Sebrae, que ajudam na elaboração do seu planejamento. Vale a pena procurar o Sebrae da sua região.

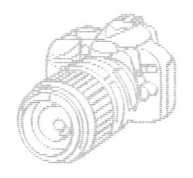

GESTÃO DE PROJETOS

Conteúdos do capítulo:
- Como a gestão de projetos pode influenciar positivamente a empresa.
- Definição, histórico e um comentário geral sobre a gestão de projetos.

Após o estudo deste capítulo, você será capaz de:
1. compreender os principais passos para a gestão de projetos;
2. elaborar projetos simples para aplicação prática na empresa.

Veremos neste capítulo o que é a gestão de projetos e qual é sua importância dentro de uma organização. Analisaremos sua história, as noções básicas ligadas a sua realização e as principais ferramentas utilizadas para sua aplicação.

3.1 Conceitos de *gestão de projetos*

No capítulo anterior, vimos a importância do planejamento para o negócio. Com o planejamento, todos os colaboradores da empresa sabem qual é a direção para a qual devem seguir.

Verificamos também que, em um planejamento, é essencial definirmos um objetivo a ser alcançado. E como realizar o que foi planejado? Quais são os passos para que um plano de mudança se transforme em mudança concreta? Como trazer o planejamento do mundo das ideias para o mundo real?

Uma das maneiras mais usadas nas empresas de sucesso é o **projeto**. A gestão de projetos é uma das melhores ferramentas – talvez a melhor – para alcançar objetivos de curto, de médio e de longo prazos. Podemos dizer, então, que projeto é o caminho que faz o plano se realizar em objetivo. Ou seja, o projeto é o *link* entre o planejamento e seu objetivo.

Figura 3.1 – Planejamento, projeto e objetivo

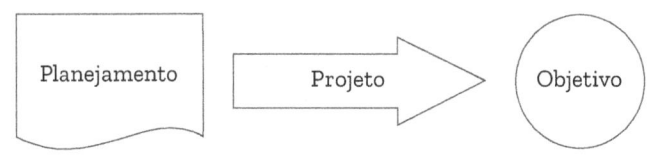

Planejamento → Projeto → Objetivo

Segundo a quarta edição do *Guia do conhecimento em gerenciamento de projetos: Guia PMBOK*, projeto é "um esforço temporário empreendido para criar um produto, serviço ou resultado exclusivo" (PMI, 2012, p. 1).

Cabe ressaltar a importância da palavra *temporário*. Isso significa que, para ser um projeto, deve haver um começo e um final delimitados. Também é necessário ter um resultado exclusivo, ou seja, o projeto deve gerar um efeito único, o que equivale a dizer que para cada resultado único haverá um único projeto.

3.2 Histórico da gestão de projetos

Acabamos de ver que projetos são as ferramentas de que o gestor dispõe para transformar planos de mudança em realidade. E quando na história podemos atribuir o nascimento da gestão de projetos?

Se analisarmos detalhadamente, veremos que projetos fazem parte da história da humanidade desde tempos muito remotos: a Muralha da China, erguida entre 220 e 206 antes de Cristo, com mais de 21 mil quilômetros de extensão, ou as grandes pirâmides do Egito, nos arredores da capital Cairo, que foram construídas por volta de 2.700 anos antes de Cristo. Ainda mais antigo é o monumento de Stonehenge, que começou a ser construído 3.100 anos antes de Cristo. Estes são alguns exemplos de grandiosos projetos realizados com sucesso por povos da Antiguidade.

A partir da Revolução Industrial (que teve início em 1760), a complexidade dos empreendimentos tornou-se cada vez maior, aumentando assim a necessidade de ferramentas gerenciais mais eficazes. Como consequência, surgiram os estudos relativos ao controle dos processos produtivos.

Em 1911, Frederick Winslow Taylor iniciou o estudo científico da administração (conhecido como *administração científica*), com seu trabalho focado na análise das tarefas executadas pelo funcionário. Contemporâneo de Taylor, Henry Ford foi o inventor da linha de produção e popularizou os carros com seu inesquecível modelo T. Pouco tempo depois, o alemão Max Weber criaria uma escola administrativa diferente, chamada *teoria da burocracia*, na qual o foco deixou de ser as tarefas e passou a ser a organização como um todo (organização formal). Outra escola muito importante para a administração é a *teoria clássica*, que tinha como foco a estrutura organizacional, que foi desmembrada em seis áreas especificas: técnicas, comerciais, financeiras, de segurança, contábeis e administrativas.

Depois o australiano Elton Mayo e a sua teoria das relações humanas evidenciou e supervalorizou o capital humano como sendo o ativo de maior importância dentro de uma organização. Houve ainda a teoria estruturalista e a tentativa do alemão Amitai Etzioni no sentido de unificar a administração clássica e a teoria das relações humanas em um único paradigma.

A teoria comportamentalista e a teoria geral dos sistemas (TGS) contribuíram para o entendimento de que as organizações são sistemas abertos e interdependentes, sendo a primeira escola a olhar não só para dentro das empresas, mas também para o mercado e entender que a organização é um sistema aberto que se relaciona com o meio ambiente (mercado, clientes, concorrentes, governo) no qual ela se encontra. A TGS, até hoje, é base para novas teorias e práticas administrativas.

Em 1950, a teoria neoclássica sugeriu um retorno às matérias defendidas pela escola clássica, como organização formal, departamentalização e estrutura. A administração por objetivos (APO), por sua vez, focou na atividade-fim da empresa em detrimento dos estudos até então preocupados com a atividade-meio e a importância dos programas de qualidade total, que se tornaram exemplos de sucesso em relação ao trabalho e à preocupação com a qualidade dos produtos finais.

Na década de 1960, a gestão de projetos começou a ser estudada como ramo do conhecimento científico, em uma época em que diversas empresas notaram os enormes benefícios de se trabalhar em torno de projetos, o que fomentou trabalhos acadêmicos sobre o tema. Um fator que impulsionou o interesse pela gestão de projetos foi que, em 1967, o Departamento de Defesa norte-americano fez uma publicação interna sobre gestão e controle de projetos. Em 1969, foi fundado nos Estados Unidos o Instituto de Gestão de Projetos (Project Management Institute – PMI), que é, hoje, a maior organização internacional sobre o assunto e se dedica a criar padrões e, desenvolver e compartilhar o conhecimento sobre o tema.

Perceba que para contar a história de como a gestão de projetos surgiu, foi necessário contar a história da administração como um todo, já que a gestão de projetos tem em si algumas características encontradas nas variadas escolas comentadas e são elas que iremos analisar daqui em diante.

3.3 Importância da gestão de projetos no sucesso do seu negócio

Já vimos que um projeto é o meio para se atingir um objetivo único e que essa metodologia foi desenvolvida com o propósito de permitir que a meta seja alcançada da forma mais rápida, eficiente e segura possível.

Os projetos podem surgir de demandas de mercado (quando há uma necessidade reprimida por algum serviço relacionado a uma área de atuação), por avanços na tecnologia (quando uma nova tecnologia é ofertada pelos seus fornecedores e a empresa decide adotá-la) e por demandas dos clientes (a empresa pode entender que cada atendimento ao cliente é um novo projeto).

Ter a ferramenta certa para cada necessidade é fundamental para quem quer atingir seus objetivos de forma eficaz. E é para isso que se destinam os estudos relacionados à gestão de projetos.

3.4 Noções básicas de gestão de projetos

Antes de qualquer coisa, é muito importante diferenciarmos **processo** de **projeto**. O primeiro se refere a atividades cíclicas e repetitivas dentro de uma organização (pagamento de contas, vendas, compras etc.); o segundo é um esforço que tem objetivo único e específico e tempo certo de duração (com início e fim definidos). Podemos dizer, então, que pode existir um projeto para a melhoria de um processo dentro da empresa.

Importante!
Para sabermos se determinada tarefa é um projeto ou não, fazemos um conjunto de quatro perguntas. Se todas as respostas forem positivas, então temos um projeto. São elas: Tem início e fim? Tem um assunto limitado? Tem custo delimitado? Gera um único resultado?

As demandas por projetos podem surgir de exigências de mercado, avanços na tecnologia, desejos dos clientes, necessidade da organização e requisitos legais. O papel do gerente de projetos é fundamental. Esse profissional deve ser qualificado na área de gerenciamento de projetos (conhecimento técnico) e ter as qualidades comportamentais necessárias (liderança, capacidade de resolver conflitos, proatividade).

Ele atua dentro de um grupo de cinco processos ligados ao gerenciamento de projetos: (1) início (demanda), (2) planejamento, (3) execução, (4) controle e (5) encerramento.

Figura 3.2 – Processos ligados ao gerenciamento de projetos

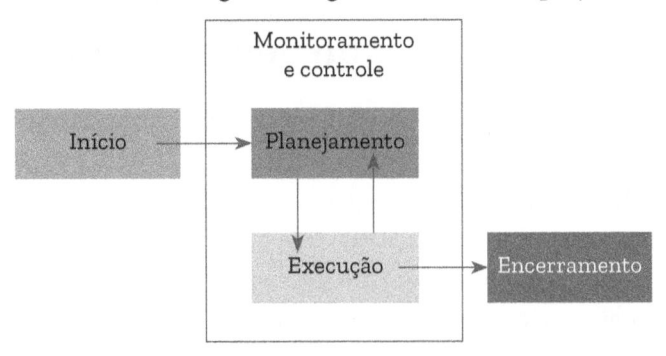

```
                    ┌─────────────────────────────┐
                    │      Monitoramento          │
                    │       e controle            │
                    │                             │
      ┌────────┐    │    ┌──────────────┐         │
      │ Início │───▶│    │ Planejamento │◀─┐      │
      └────────┘    │    └──────┬───────┘  │      │
                    │           │          │      │
                    │           ▼          │      │
                    │    ┌──────────┐      │      │    ┌──────────────┐
                    │    │ Execução │──────┴──────┼───▶│ Encerramento │
                    │    └──────────┘             │    └──────────────┘
                    └─────────────────────────────┘
```

Como em todas as áreas do conhecimento, aqui também é necessário o domínio de certo vocabulário técnico para prosseguirmos.

3.4.1 Programa

Dentro do universo da gestão de projetos, **programa** é um conjunto de projetos que têm relação entre si e que são coordenados de maneira que possam se ajudar mutuamente, alcançando resultados que não poderiam ser atingidos se fossem gerenciados de forma separada. Um exemplo bem claro é um programa de capacitação de colaboradores dentro de uma empresa; outro exemplo é um programa de capacitação continuada, dentro do qual podemos ter vários projetos como projeto de treinamento, projeto de melhoria do clima organizacional, projeto de concessão de bolsas de estudo, projeto de melhoria salarial, entre outros.

É muito comum que os prazos, os gestores, os recursos e as equipes para os projetos mencionados sejam diferentes. Porém, como todos se relacionam de alguma forma do capital humano da empresa, eles poderiam ser tratados dentro de um mesmo programa, a fim de unir esforços e compartilhar informações.

3.4.2 Portfólio

No paradigma de gestão da projetos, o **portfólio** é um conjunto de programas, projetos e operações que são gerenciados de forma integrada, de acordo com o objetivo estratégico da empresa. Não há a necessidade de correlação entre os programas e os projetos que compõem o portfólio.

Figura 3.3 – Organograma representando a hierarquia portfólio/projeto

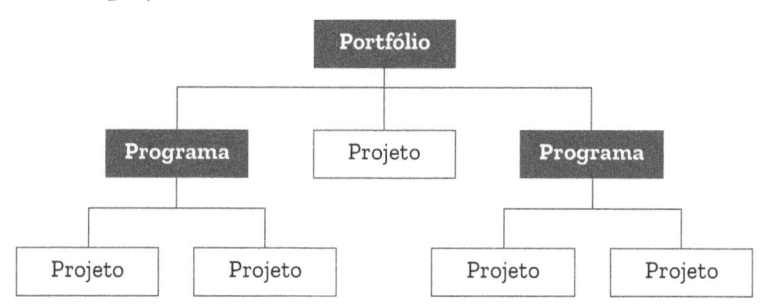

```
                    Portfólio
         ┌─────────────┼─────────────┐
     Programa       Projeto       Programa
      ┌──┴──┐                      ┌──┴──┐
   Projeto Projeto              Projeto Projeto
```

É do portfólio que partem as estratégias globais a serem seguidas, as aprovações de temas importantes e decisivos, os recursos e as prioridades. Também é para lá que se destinam os relatórios de desempenho, os pedidos de recursos e as mudanças estratégicas.

3.4.3 Stakeholders

Podemos definir os *stakeholders* como as partes interessadas no projeto, sejam pessoas físicas ou jurídicas, sejam executores, clientes, empresas parceiras, gestores, entre outros, que estão envolvidos com o projeto de forma ativa e têm seus interesses afetados de alguma forma por ele, seja com sua execução ou com o término dele.

3.4.4 Ciclo de vida de projetos

O **ciclo de vida de projetos**, também chamado por alguns autores de *metodologia*, é composto por cinco fases: (1) iniciação, (2) planejamento, (3) execução, (4) monitoramento e (5) controle, encerramento, tal como representado na Figura 3.2.

A seguir veremos o que cada fase significa e por qual aspecto ela é responsável dentro do fluxograma apresentado.

Fase de iniciação

Também chamada de *início do projeto*, é nessa fase que é decidido se o projeto vai começar realmente e qual a direção ele deverá tomar. É nessa etapa que são escolhidos os projetos que serão colocados em prática e como eles serão definidos e autorizados.

Fase de planejamento

É uma etapa de fundamental importância, já que é nela que os objetivos são definidos e, como consequência, são decididos quais serão os processos necessários para que eles sejam atingidos. No planejamento, são produzidas mais informações sobre o tema do projeto.

Além de definir as principais atividades (processos) necessárias, é preciso também estudar quais são os recursos (financeiros, humanos, logísticos etc.) necessários para que o projeto seja realizado. Devem ser consideradas questões como quem são os *stakeholders*, quais são os riscos e quanto tempo será necessário para cada processo e para a conclusão do projeto.

Tudo isso deve ser previsto da melhor forma, a fim de garantir o sucesso do projeto.

Fase de execução

Aqui são integrados todos os recursos levantados como fundamentais na fase de planejamento. O projeto começa a se tornar realidade, colocando-se em prática o que foi planejado na fase anterior.

É nesse momento que a função de líder é mais exigida, seja para resolver pequenos problemas de integração da equipe, seja por problemas de comunicação e/ou possíveis conflitos que devem ser contornados pelo gerente do projeto. Dessa maneira, é possível manter todos focados em alcançar o objetivo determinado.

Fase de monitoramento e controle

A missão da empresa nessa etapa é acompanhar com regularidade a execução do projeto, para perceber qualquer divergência em relação àquilo que foi planejado, de maneira que seja possível fazer as correções necessárias para que o objetivo seja alcançado.

Às vezes, é preciso mudar o planejamento, não se tratando, então, de um erro de execução, mas de uma falha no plano. Adaptações relativas aos custos e ao tempo de execução são as mais comuns.

Fase de encerramento

Essa fase se dá em duas frentes. A primeira delas é o encerramento propriamente dito, com a verificação de que o objetivo determinado foi alcançado. A outra se refere à avaliação de todo o projeto, a fim de gerar conhecimento sobre os erros e os acertos em seu ciclo para que os pontos de sucesso sejam replicados e os pontos de erro sejam evitados no futuro.

Ainda sobre o ciclo de vida de projetos, é importante comentar que cada fase é composta por entradas, ferramentas, técnicas e saídas. A ligação entre os processos de cada fase se dá pelas entradas e pelas saídas, e os processos podem ser sobrepostos, cíclicos e de intensidade variável dentro do mesmo projeto.

3.4.5 Gerenciamento de projetos

Deve-se aplicar o conhecimento sobre gestão de projetos para que o objetivo seja alcançado, assegurando-se que as melhores técnicas sejam aplicadas de forma adequada. Os gerentes de projetos devem ser profissionais com variadas habilidades e, principalmente, grande talento na resolução de conflitos e de problemas. Além disso, devem ter boa capacidade de comunicação, conhecimento de práticas empresariais, experiência na área de orçamentos, aptidão para influenciar pessoas e liderança.

São considerados fatores críticos do gerenciamento de projetos a integração dos vários elementos que o compõem, o escopo, a gerência do tempo, os custos, a qualidade, o gerenciamento do capital humano, os riscos envolvidos, a compra de matéria-prima e insumos, as comunicações e, finalmente, a gerência dos *stakeholders* e os problemas inerentes ao trato com pessoas.

O Project Management Institute (PMI) definiu dez fatores críticos para o sucesso no gerenciamento de projetos.

Figura 3.4 – Fatores críticos para o sucesso no gerenciamento de projetos

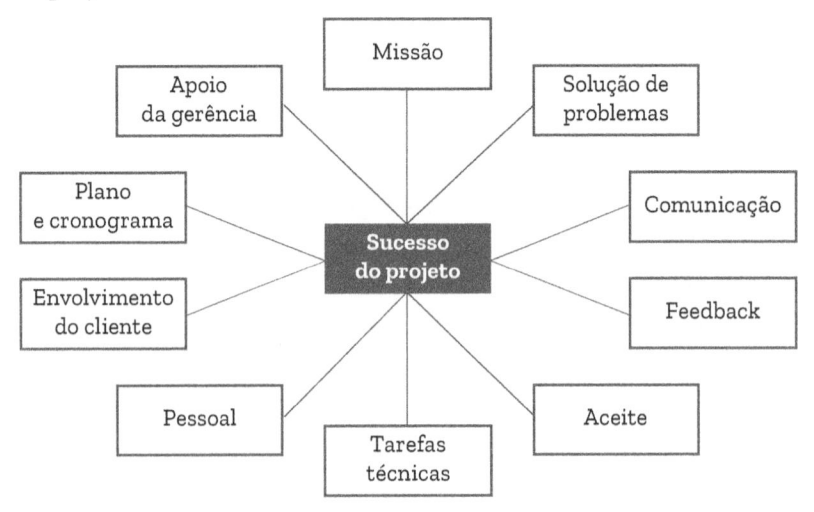

O passo inicial para definir a **missão** do projeto é estabelecer qual é o objetivo, o que será necessário para alcançá-lo (requisitos) e quais são os resultados esperados. Para isso é necessário ouvir os *stakeholders* – pois, afinal de contas, são eles os destinatários do projeto (clientes), os executores ou as pessoas por ele afetadas positiva ou negativamente. O entendimento de que os clientes finais são os reais destinatários dos serviços que são produzidos é mais do que justificativa para que eles sejam ouvidos (suas demandas, suas prioridades, suas expectativas).

O **apoio da gerência** ao projeto que está para ser iniciado é fundamental para que ele alcance o melhor resultado. Para isso, existe a emissão de um documento chamado *Termo de abertura de projeto* (*Project charter*), o qual transfere autoridade ao gerente de projetos. Essa pessoa, então, passa a ser o líder de uma espécie de organização temporária dentro da empresa e, como tal, pode usar os recursos disponibilizados para que possa realizar seus trabalhos de planejamento, controle e finalização do projeto. É fundamental que essa pessoa tenha liberdade para admitir e afastar colaboradores, contratar serviços ou comprar materiais, gerenciar finanças e otimizar processos.

O *Termo de abertura de projeto* é uma maneira de dar início formal ao projeto. Esse documento deve conter respostas às seguintes perguntas: Qual é a necessidade que o projeto visa suprir? Quais são os resultados esperados? Quais são as ações necessárias para que o objetivo seja alcançado? Quais são as pessoas que farão parte da equipe de projeto? Qual é o prazo-limite para a sua finalização? Qual é a necessidade financeira?

O **Plano e cronograma** do projeto é um documento que deve ser devidamente aprovado e serve para a execução e o controle. Ele deve conter as decisões, o escopo, os custos, o cronograma, as responsabilidades e os critérios de qualidade para o projeto.

Figura 3.5 – Exemplo de organograma de projeto

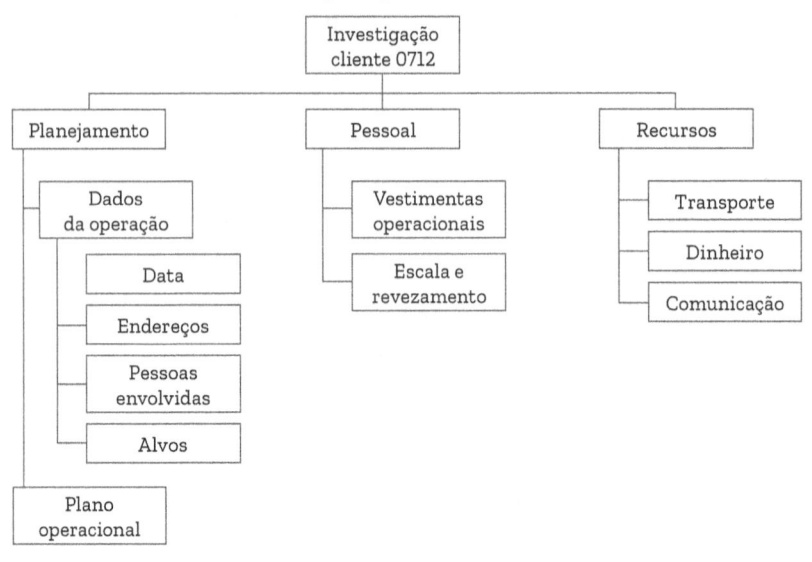

```
                    Investigação
                    cliente 0712
    ┌───────────────────┼───────────────────┐
Planejamento         Pessoal             Recursos
    │                   │                   │
 Dados              Vestimentas         Transporte
 da operação        operacionais
    │                   │               Dinheiro
   Data             Escala e
                    revezamento         Comunicação
 Endereços

 Pessoas
 envolvidas

 Alvos

Plano
operacional
```

Sobre o **envolvimento do cliente**, caso seja possível, é importante que ele esteja envolvido desde o planejamento até a execução do projeto. Assim, além de gerar um sentimento de comprometimento com o resultado, eventuais correções tanto no planejamento quanto na execução podem ser detectadas pelo próprio destinatário do projeto.

Com relação ao **pessoal**, costuma-se dizer que as pessoas são o elo mais importante e também o mais frágil dentro de qualquer processo – e aqui não é diferente. Mesmo as melhores tecnologias aliadas às melhores técnicas de gestão não produzirão o resultado esperado se as pessoas não estiverem engajadas nos processos. Por isso, trata-se de um dos fatores em que o gerente mostrará seu verdadeiro valor, gerenciando conflitos, mantendo a equipe focada nos objetivos, motivando e corrigindo os colaboradores, caso seja necessário.

Capital humano técnico e especializado e tecnologias com valores elevados para solução de **tarefas técnicas** específicas devem ser utilizados de forma racional, tendo em vista o impacto financeiro no orçamento do projeto. É importante que o trabalho do pessoal especializado e dos insumos tecnológicos mais caros seja otimizado, a fim de que esses recursos especiais não sejam subutilizados ou fiquem ociosos.

Trazer o cliente para que faça parte do planejamento, definindo as especificações do objetivo, o cronograma e os critérios de qualidade mínimos aceitáveis faz com que sejam minorados os problemas com o **aceite** do cliente no final do projeto.

O acompanhamento de *feedback* é necessário para a identificação de problemas, gargalos e demais riscos ao bom andamento do projeto e das ações necessárias para evitá-los. O acompanhamento necessita de um sistema integrado de informações completas e que cheguem no tempo certo para que possam dar ao gestor os dados necessários para as tomadas de decisão.

Além disso, ter informações completas e no momento certo é de fundamental importância para que o gestor possa até mesmo se antecipar aos problemas. Portanto, a **comunicação** deve ser eficiente. Definir responsáveis e canais de comunicação comprometidos com a exatidão e o prazo são muito importantes.

Outra das qualidades de grande importância para o gerente de projetos é a habilidade para a **solução de problemas**. Por mais bem feito que seja, o planejamento não consegue contemplar ou prever todas as possibilidades. Invariavelmente, surgirão problemas, os quais deverão ser sanados da melhor maneira possível, sem grandes traumas nem grandes custos para a organização.

Por fim, estar aberto a mudanças é uma qualidade que ajuda muito na solução de problemas, já que, por vezes, deve-se mudar o plano para que ele se adapte a novas realidades não previstas anteriormente.

3.4.6 Escritório de Gerenciamento de Projetos (PMO)

Todos os projetos dentro de uma organização devem estar alinhados ao seu planejamento estratégico, o qual, realiza-se por meio dos projetos.

Porém, em meio às demandas do dia a dia e à quantidade de projetos em andamento, é possível que esse alinhamento se perca. Para alinhar os projetos a uma mesma diretriz e ao plano estratégico, existe uma estrutura organizacional chamada de Escritório de Gerenciamento de Projetos (Project Management Office, ou PMO), que é a responsável, dentro da organização, por agir como coordenadora de todas as ações individuais de projetos. Uma de suas funções principais é mantê-las norteadas pelo planejamento da organização.

O PMO é uma responsável pela gerência do portfólio de projetos. Nela, são concentradas as informações relativas aos projetos e os aprendizados, ajudando a coordenação e facilitando o compartilhamento de informações e recursos.

O PMO opera com três responsabilidades principais:

1. **Pessoas** – Treinamento, controle de pessoal e alocação de gerentes em projetos.
2. **Processos** – Desenvolvimento de metodologia para o trabalho com projetos.
3. **Tecnologia** – Implantação de sistema informatizado de controle de projetos (caso haja sua aquisição).

É importante ressaltar que as responsabilidades devem ser escritas e definidas pela organização, delimitando a atuação do PMO, o que fica a cargo de seu gerenciamento. Trata-se de uma escolha única e exclusiva da empresa.

3.4.7 Estruturas organizacionais e sua influência no sucesso da gestão de projetos

Vários fatores podem afetar o bom andamento dos projetos. Dentre eles, o tipo de estrutura organizacional tem grande influência. Mesmo que as empresas tenham as mais variadas formas de estruturas organizacionais, todas elas podem ser agrupadas em três categorias básicas: (1) as estruturas funcionais, (2) as estruturas orientadas por projetos e (3) as estruturas matriciais.

A maioria das empresas adota as **estruturas funcionais**, nas quais os colaboradores estão todos distribuídos de acordo com suas especialidades, tais como marketing, finanças, contabilidade e recursos humanos, entre outras. Cada setor tem um líder e, no caso de ser necessária uma informação de outro departamento, o caminho é longo. Imaginemos que o assessor de finanças precise de uma informação do departamento de marketing. Ele deve solicitá-la ao diretor de finanças, que se comunicará com o diretor de marketing, o qual designará algum assessor de seu setor para colher o dado desejado. Quando o documento com o dado estiver pronto, ele é remetido ao diretor de marketing e, depois, ao diretor de finanças para, finalmente, chegar ao destinatário da informação. Convenhamos que é um caminho extremamente longo e que pode sofrer algum tipo de ruído, tal como a brincadeira de telefone sem fio: o que foi pedido e o que chega como resposta às vezes não têm relação.

Outro ponto negativo desse tipo de estrutura organizacional para a realização de projetos é que os membros das equipes devem se dividir entre as obrigações de rotina de seus departamentos de origem com o trabalho na equipe de projetos, o que gera baixo rendimento e, às vezes, sobrecarga de trabalho. Como essa é uma estrutura bastante verticalizada, a figura do gerente de projetos acaba apagada, pois, com uma cadeia de comando bastante forte, o poder de decisão e de controle está nas mãos dos diretores e dos gerentes de setores, e não do gerente de projetos. Nesse caso, ele deve trabalhar bem a motivação da sua equipe, para ganhar a confiança e o apoio dos diretores e dos gerentes dos departamentos.

Figura 3.6 – Exemplo de estrutura organizacional tipo funcional

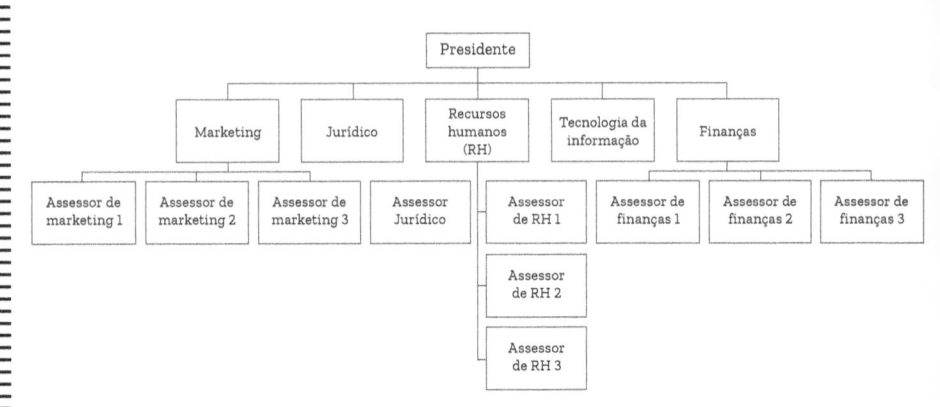

```
                                    Presidente
          ┌──────────────┬──────────────┼──────────────┬──────────────┐
      Marketing        Jurídico      Recursos    Tecnologia da    Finanças
                                     humanos     informação
                                       (RH)
   ┌────────┬────────┐      │            │            │         ┌────────┬────────┬────────┐
Assessor Assessor Assessor Assessor  Assessor    Assessor de   Assessor Assessor Assessor
marketing marketing marketing Jurídico de RH 1   finanças 1    de        de        de
   1        2        3                                         finanças 1 finanças 2 finanças 3
                                     Assessor
                                     de RH 2

                                     Assessor
                                     de RH 3
```

Diametralmente oposta ao tipo de estrutura funcional está a **estrutura orientada por projetos**. Nela não há departamentalização, o que existe são projetos em andamento: quando um projeto acaba, as pessoas nele alocadas são designadas para outros projetos. Nessa estrutura de trabalho, o gerente de projetos ganha poder, sendo o responsável direto por contratações de pessoal e compras, entre outras atividades, além de se reportar diretamente ao cargo mais alto da hierarquia.

Nesse tipo de estrutura, pode ocorrer que um membro do "projeto 3" seja o responsável pelo controle do "projeto 1", e o gerente do "projeto 2" já ter sido subordinado ao analista do "projeto 3" em um projeto que já foi finalizado. Como não há departamentos, as equipes podem variar de um projeto para o outro e quem é, hoje, gerente de um, amanhã pode ser analista de outro.

Figura 3.7 – Exemplo de estrutura organizacional orientada por projetos

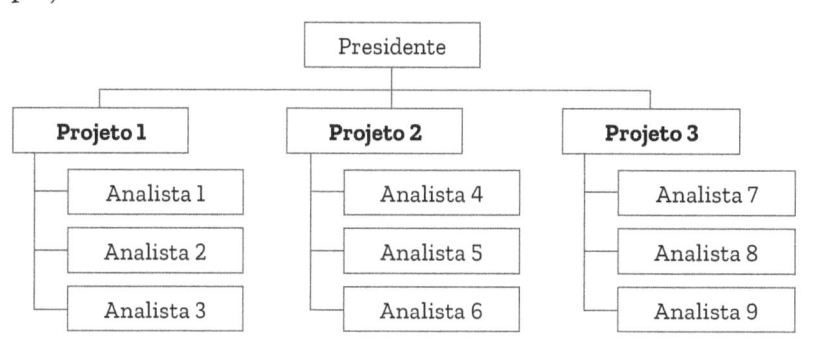

```
                        Presidente
        ┌───────────────────┼───────────────────┐
    Projeto 1           Projeto 2           Projeto 3
    ├ Analista 1        ├ Analista 4        ├ Analista 7
    ├ Analista 2        ├ Analista 5        ├ Analista 8
    └ Analista 3        └ Analista 6        └ Analista 9
```

Sobre as **estruturas matriciais**, podemos dizer que elas estão no meio do caminho entre as estruturas funcionais e orientada por projetos. Nas matriciais, o colaborador está alocado em um departamento, mas também está listado como membro de um projeto e divide seu tempo de trabalho entre as duas funções. Ele se reporta tanto ao gerente do seu setor quanto ao gerente do projeto.

Quadro 3.1 – influência das estruturas organizacionais nos projetos

Estrutura / Características	Funcional	Matricial	Orientada por projetos
Autoridade do gestor	Baixo	Média	Alta
Recursos	Baixo	Média	Alta
Gerente do projeto	Parcial	Integral	Integral

O colaborador se reporta tanto ao gerente do seu setor quanto ao gerente do projeto.

3.4.8 Metodologias de gerenciamento de projetos

Como vimos, o PMO é responsável, entre outras atividades, por estabelecer uma metodologia a ser seguida e aplicada a todos os projetos. Existem três metodologias principais que são as mais utilizadas no mundo: (1) o enfoque no quadro lógico (*Logical Framework Approach*), (2) a gestão com base em resultados (*Results Based Management*) e (3) o planejamento de projeto orientado para objetivo.

Como a aplicação da metodologia do **enfoque no quadro lógico** depende de extenso treinamento e experiência, iremos mencioná-la apenas a título de informação. A origem dela se baseia nos estudos sobre gestão por objetivos, seu foco se dá na metodologia para a construção de projetos e seu produto final é uma tabela denominada *quadro lógico*.

Basicamente, esse quadro é montado respondendo a cinco perguntas:

1. Por qual motivo o projeto deve ser feito?
2. Qual é seu objetivo e quais são as mudanças a serem alcançadas?
3. Quais são as ações para se produzirem melhorias ao projeto?
4. Quais são as forças externas que podem ter influência em seu resultado?
5. Quais são os indicadores que serão utilizados para medir o valor das melhorias alcançadas?

Existe uma ligação entre os processos executados e seus resultados, entre os resultados e o objetivo do projeto e entre o objetivo do projeto e o plano estratégico da organização.

Por sua vez, o nascimento da **gestão com base em resultados** se deu por meio de iniciativas para melhorar os serviços ofertados pelo governo do Canadá. A ênfase passou dos estudos dos processos burocráticos para os objetivos, ou seja, atender de maneira eficaz a população.

Sobre o **planejamento de projeto orientado para objetivo**, podemos dizer que o grande diferencial dessa metodologia é o envolvimento dos *stakeholders* nos processos de planejamento, execução e controle. Esse envolvimento dos participantes e dos afetados pelo projeto gera comprometimento com o objetivo a ser alcançado. Esse comprometimento, que é conquistado pela participação dos *stakeholders*, melhora a comunicação entre os participantes, facilita o fluxo de informações e de materiais, bem como a economia de recursos entre outros benefícios.

3.4.9 Informática e Gestão de Projetos

Não é preciso dizer que sistemas computacionais fazem parte do dia a dia de quase todas as pessoas e de quase todas as profissões. Neste exato momento, fazemos uso de um computador para digitar essas palavras em um programa editor de texto. Uma outra opção seria utilizar uma máquina de escrever, o que seria muito menos prático, demandaria muito mais tempo e, com certeza e seria mais barulhento. Há quanto tempo você não faz uma ligação com seu telefone celular? Um aparelho que antes servia apenas para ligar para outras pessoas hoje é pouco utilizado para essa finalidade.

No mundo da gestão de projetos, a informática revolucionou a maneira como os gestores se relacionam com os projetos. Como estes estão cada vez mais complexos, os sistemas de informação tornaram-se ferramentas fundamentais para que o gestor possa enxergar processos em atraso, pontos de dificuldade e ameaças, podendo então tomar medidas preventivas ou corretivas, de acordo com cada caso.

Caso a empresa ainda não tenha projetos de grande complexidade ou lhe falte condições financeiras para adquirir um *software* de gestão de projetos, existem várias opções gratuitas na internet.

Pode-se procurar por *"software* de gestão de projetos gratuito" e várias opções serão então disponibilizadas. Sugerimos que você teste algumas opções e escolha a que se adequar às suas necessidades.

3.5 Aplicando os conhecimentos sobre gestão de projetos na investigação particular

Gerir cada um dos serviços de uma empresa como um projeto dá ao administrador ferramentas mais do que úteis para a gestão com eficiência e eficácia dos serviços. Ao aplicar a metodologia da gestão de projetos, há uma grande possibilidade de se obter um resultado melhor do que se o projeto fosse gerido de maneira solta e sem a devida metodologia.

Síntese

Nesta etapa, analisamos mais uma técnica de gestão que pode ser aplicada às atividades da empresa. Podemos considerar que cada novo serviço que chega ao escritório é um novo projeto, e se esse entendimento puder ser aplicado à empresa, ela disporá, agora, de uma caixa de ferramentas completa para poder trabalhar. Aprender a utilizar um *software* de gestão de projetos (gratuito, se for o caso), aprofundar-se ainda mais nos tópicos aqui explicados e praticá-los darão ao gestor *expertise* para atingir o objetivo de seu projeto com sucesso.

Hoje em dia, não basta que o padeiro (na condição de dono de uma panificadora) saiba fazer pães, pois o mercado exige que ele entenda de finanças, contabilidade, gestão de pessoas (antigo *recursos humanos*), marketing e gestão de projetos. Isso vale para todos os empreendedores. Investir em qualificação, em tecnologias e em pessoas pode diminuir a distância entre a empresa e o sucesso

Questões para revisão

1. Quais são os principais processos envolvidos na gestão de projetos?
2. Quem são os *stakeholders* e qual é a importância deles para o sucesso do projeto?
3. De acordo com o desenho a seguir, identifique cada um dos processos envolvidos:

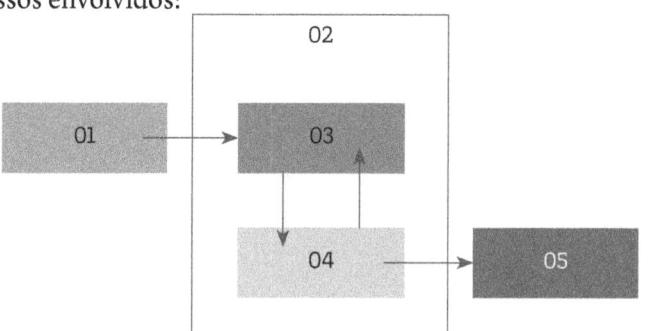

   a) 01 – Encerramento; 02 – Monitoramento e controle; 03 – Planejamento; 04 – Execução; 05 – Início.
   b) 01 – Início; 02 – Planejamento; 03 – Monitoramento e controle; 04 – Execução; 05 – Encerramento.
   c) 01 – Início; 02 – Monitoramento e controle; 03 – Planejamento; 04 – Execução; 05 – Encerramento.
   d) 01 – Início; 02 – Encerramento; 03 – Planejamento; 04 – Execução; 05 – Monitoramento e controle.
   e) 01 – Monitoramento e controle; 02 – Controle; 03 – Planejamento; 04 – Encerramento; 05 – Execução.

4. Sobre a influência das estruturas organizacionais nos projetos, assinale a alternativa correta:
   a) Na estrutura funcional, a autoridade do gestor do projeto é alta.
   b) Na estrutura orientada por projetos, os recursos disponíveis são médios.

c) na estrutura matricial, o gerente de projetos tem dedicação integral.
d) na estrutura orientada por projetos, a autoridade do gestor é baixa.
e) Nenhuma das alternativas anteriores.

5. Missão, apoio da gerência, plano e cronograma, cliente, pessoal, tarefas técnicas, aceite, *feedback*, comunicação e solução de problemas são fatores críticos para:
a) Fatores de decisão.
b) Planejamento de projetos.
c) Estudo de viabilidade.
d) Sucesso do projeto.
e) Portfólio do projeto.

Questões para reflexão

1. Em que áreas da empresa a gestão de projetos pode ser útil?
2. Trabalhar cada investigação particular como um projeto é vantajoso para a empresa?

Para saber mais

CARVALHO, M. M.; RABECHINI, R. **Construindo competências para gerenciar projetos**: teorias e casos. São Paulo: Atlas, 2005.

CERTO, S. **Administração estratégica**: planejamento e implantação da estratégia. 2. ed. São Paulo: Pearson Prentice Hall, 2005.

DINSMORE, P. C. **Transformando estratégias empresariais em resultados através da gerência por projetos**. Rio de Janeiro: Qualitymark, 1999.

PMI – Project Management Institute. Disponível em: <https://brasil.pmi.org>. Acesso em: 9 out. 2019.

Para saber mais a respeito dos temas tratados neste capítulo, sugerimos a leitura dessas obras, bem como a consulta ao *site* brasileiro do Project Management Institute (PMI).

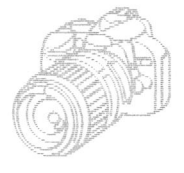

GESTÃO DE PESSOAS

Conteúdos do capítulo:
- Definição de gestão de pessoas.
- História e entendimentos mais modernos sobre o tema.

Após o estudo deste capítulo, você será capaz de:
1. compreender a importância do capital humano para a empresa;
2. dominar conceitos teóricos e práticos sobre o tema.

O verdadeiro diferencial de uma organização são as pessoas que a integram. Motivá-las para que elas possam dar o melhor de si enquanto trabalham é um dos principais fatores de sucesso.

Neste capítulo, veremos como surgiu a gestão de pessoas, sua história e seu desenvolvimento. Analisaremos a importância da gestão de pessoas para o sucesso de um empreendimento e apresentaremos algumas ferramentas para seu gerenciamento.

4.1 Conceito de *gestão de pessoas*

A velocidade da evolução científica nos últimos anos é exponencial. Conquistas em áreas como a medicina, a robótica, a informática e a engenharia são notáveis. No ramo das ciências sociais não poderia ser diferente, sobretudo nas ciências sociais aplicadas. A ampliação dos conhecimentos sobre as relações humanas deram aos cientistas e pensadores da administração novas e valiosas ferramentas para o desenvolvimento de técnicas mais eficazes no que diz respeito ao cumprimento da missão e dos objetivos de cada organização.

Em um passado não muito distante, os colaboradores de uma empresa eram tidos como mais um tipo de recurso a ser utilizado no processo, a fim de se produzir determinado produto ou serviço. Daí surgiu a denominação *recursos humanos* (RH), a qual, aos poucos, vem sendo trocada por outras mais condizentes com a real função desse departamento ou dessa pessoa/diretoria nas organizações.

Notamos a tendência de transição da simples gestão de recursos humanos para a gestão de pessoas transferindo-se a ênfase nos recursos para as pessoas. Em vez de *treinamento dos colaboradores*, hoje se fala cada vez mais em *desenvolvimento de competências*.

O foco na atividade-meio, atualmente, é trabalhado com base na melhoria do processo final. O trabalho sobre quantidade é, aos poucos, substituído por trabalho sobre a quantidade/qualidade. O pensamento no indivíduo é hoje trabalhado sobre o indivíduo/coletivo.

A figura do chefe é cada vez mais substituída pela do líder. A simples preocupação com saúde e a higiene laboral hoje é traduzida por uma crescente preocupação com a qualidade de vida dos colaboradores. O controle é, aos poucos, modificado para confiança/controle. Inúmeros outros exemplos podem ser citados, mostrando que a gestão de recursos humanos está cada vez mais obsoleta em relação à gestão de pessoas.

É necessário ampliar o entendimento das empresas sobre os colaboradores, possibilitando a elas ver o funcionário como pessoa em seu sentido ampliado, ou seja, que cada um dos empregados tem características próprias, personalidade, desejos, aspirações, valores, atitudes, objetivos, habilidades, conhecimentos, destrezas e competências. Somando-se a isso, há o valor e a importância do meio em que a pessoa está incluída como parte integrante de uma coletividade, como família, escola, clube, grupo religioso, grupo político e grupo profissional.

A visão moderna sobre a função da administração de recursos humanos dentro das organizações é a de prover meios para catalisar os trabalhos dos colaboradores, proporcionar a melhor aplicação dos esforços dos funcionários dentro da organização, dar suporte e possibilidade de manter os funcionários dentro das organizações e ajudar constantemente no desenvolvimento das capacidades relacionais e produtivas dos empregados.

Ao analisarmos a fundo as organizações, podemos dizer que os indivíduos, isoladamente, certamente não poderiam atingir objetivos que, quando trabalhados em equipes (nas organizações), podem ser facilmente alcançados. Esse dilema serve para se entender a dupla dependência entre as organizações e seus colaboradores.

4.1.1 Histórico da gestão de pessoas

No início da administração, principalmente nas escolas da administração científica e nas teorias clássica e da burocracia, a visão sobre os trabalhadores do "chão de fábrica" era de que eles eram recursos utilizados no trabalho, tal e qual as ferramentas ou as matérias-primas. Henry Ford esboçou preocupação com relação à velocidade com que era necessário admitir e demitir pessoas em sua fábrica. Na escola de relações humanas, surgiu a primeira iniciativa de olhar para o ser humano e entender que a maneira como ele se sente faz diferença na quantidade e na qualidade do que ele produz, enfatizando que o operário é muito mais do que aspectos físicos e fisiológicos e que seu estado psicológico faz muita diferença na produção.

A teoria comportamentalista deu mais um passo em relação à importância e à valorização do ser humano dentro das organizações. Um dos autores que contribuíram para o desenvolvimento dessa escola foi o psicólogo Abraham H. Maslow, que, com sua **pirâmide de Maslow**, desenvolveu uma hierarquia de necessidades a serem satisfeitas. Ele enfatizou também que o comportamento humano é muito mais complexo do que os modelos simplistas utilizados pelas teorias anteriores (Maslow, 1987).

A teoria geral dos sistemas (TGS) trouxe a importância do ambiente (mercado) no estudo da administração. A ideia de sistemas abertos que se inter-relacionam é revolucionária e é base para estudos até os dias de hoje. Teorias modernas, como o *empowerment* (fortalecimento), que visa transferir o poder de decisão do alto escalão da empresa para os níveis mais operacionais, dá ao colaborador um sentimento de pertencimento maior, melhora sua motivação e o compromete com o resultado alcançado. A *learning organization* (organização que aprende) valoriza muito as pessoas dentro da organização: para essa corrente, de nada adianta ter a melhor tecnologia, a mais avançada, a mais autônoma possível, pois sem pessoas para operá-las elas não produzirão nada.

É possível afirmar que a evolução das ciências sociais e da psicologia e suas influências na administração contribuíram para o entendimento sobre o ser humano e possibilitaram a evolução da gestão de pessoas até os patamares atuais.

4.1.2 Importância da gestão de pessoas no sucesso do negócio

Você pode estar pensando: "Mas eu vou começar a empresa sozinho? De que adianta aprender sobre gestão de mim mesmo?" Então vamos à resposta dessa importante pergunta.

Concordamos que, para uma empresa na qual só um indivíduo vai trabalhar, não haveria a necessidade de aprender sobre gestão de pessoas. Todavia, acreditamos no sucesso do empreendimento e, em pouco tempo, será necessário contratar uma secretária, um estagiário, um ajudante, um vendedor e, quem sabe, uma equipe inteira. Quando esse dia chegar, será importante estar preparado, além de que começar certo é a melhor maneira de se começar algo, e também a mais barata.

> **Importante!**
> Em um ramo tão sensível quanto o de investigações particulares, é necessário escolher muito bem os colaboradores, já que, muitas vezes, eles terão contato com informações confidenciais de empresas e de pessoas. Um **vazamento de informação** é o fim da reputação de uma empresa de investigação, e uma empresa com reputação ruim está fadada ao fracasso.

Sobre essa questão, cabe a seguinte analogia: uma empresa é uma corrente de ferro da qual cada elo representa um tipo de ferramenta disponível (materiais, recursos financeiros, veículos, técnicas, conhecimento etc.). Nessa corrente, as pessoas são o elo mais importante e também o mais frágil. E todos sabem que uma corrente é tão forte quanto seu elo mais fraco.

A tarefa do gestor de pessoas é fortalecer esse elo crítico, dando condições para que o talento de cada colaborador seja maximizado dentro da empresa. Exercendo o papel de líder, o gestor deve inspirar em seus liderados a vontade de dar o seu melhor.

A sua tarefa, na condição de gestor de pessoas, é fortalecer esse elo crítico, dando condições para que o talento de cada um seja maximizado dentro da sua empresa. Exercendo o papel de líder, você deve inspirar nos seus colaboradores a vontade de dar o seu melhor.

4.2 Noções básicas de gestão de pessoas: estratégia funcional

Já vimos anteriormente a importância do planejamento estratégico para a organização. Veremos agora qual é a importância da estratégia funcional de gestão de pessoas para o sucesso empresarial.

Um dos objetivos do planejamento da área de recursos humanos, para Decenzo e Robbins (2001), é reunir as previsões de demanda presentes e futuras de trabalhadores com a oferta de recursos humanos, garantindo que o pessoal apropriado esteja disponível para atender aos requisitos fixados para o desenvolvimento da empresa.

Podemos retornar à Figura 2.1 e verificar os níveis estratégicos, dos quais os funcionais são todos os departamentos da empresa, sendo exemplificados naquela imagem apenas três deles.

Porém, pacificada a questão da importância, surgem novas perguntas a respeito de que perfil de pessoas a empresa precisa. Qual é a quantidade de pessoas necessárias para atingir o objetivo estipulado? Como os colaboradores terão seus trabalhos avaliados? Qual é a métrica adequada para medir o grau de comprometimento com a empresa? Como avaliar o clima organizacional e quais são as ferramentas para interferir nesse clima, se necessário? Qual é a remuneração paga pelos concorrentes a cargos equivalentes aos da empresa? Existe alguma tendência de evasão de funcionários da empresa para a concorrência? O mercado como um todo está demitindo ou contratando pessoas? E a economia, está favorável à contratação?

Essas são algumas das perguntas que surgem quando paramos para pensar sobre o setor de RH de uma empresa.

Figura 4.1 – Planejamento de recursos humanos

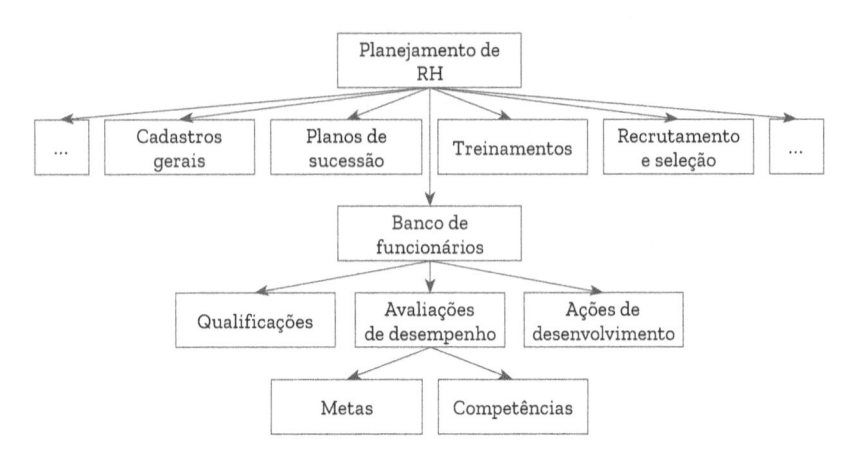

```
                    Planejamento de
                          RH
   ┌──────┬───────────┬────────┬──────────┬──────────────┬──────┐
   ...  Cadastros  Planos de  Treinamentos  Recrutamento  ...
        gerais     sucessão                 e seleção
                          │
                    Banco de
                    funcionários
              ┌───────────┼───────────┐
        Qualificações  Avaliações   Ações de
                       de desempenho desenvolvimento
                          │
                    ┌─────┴─────┐
                  Metas     Competências
```

O planejamento de gestão de pessoas vem para auxiliar os gestores a responder tais perguntas. Isso deve alinhar os objetivos do setor com o planejamento estratégico da organização.

4.2.1 Visão sistêmica aplicada à gestão de pessoas

De recursos no "chão de fábrica" a tomadoras de decisão foi uma longa caminhada. Porém, o protagonismo das pessoas nas empresas está cada vez mais evidente. O que antigamente era um *input* é hoje o dono do processo, com autonomia e responsabilidade.

O advento da TGS mexeu com a base da administração. Antes, era tudo departamentalizado, dividido, engavetado, não só internamente como também externamente. As empresas eram vistas como corpos celestes isolados de tudo e de todos. Com a chegada da TGS e sua visão sistêmica, tudo mudou. Houve a compreensão de que os departamentos ou as diretorias eram meras divisões idealizadas, que as ações de um setor repercutiam por toda a empresa, que o ambiente em que a organização estava influenciava e era influenciado pelas suas ações.

Com empresas deixando a estrutura hierárquica tradicional e passando a utilizar uma estrutura mais planificada, o poder de decisão foi sendo mais bem distribuído, passando às mãos dos donos do processo. Agora, em vez da especialização em uma única tarefa, o colaborador necessitava dominar um conjunto de tarefas; os chefes foram substituídos por líderes e gestores e deixariam de "ser servidos" e passaram a "servir" seus colaboradores, tornando-se verdadeiros facilitadores. E houve a mudança do foco nos processos para o foco nos clientes. Ou seja, da atividade-meio para a atividade-fim: as organizações passaram a se preocupar com a solução dos problemas dos clientes, tornando-os cada vez mais fiéis às empresas.

É preciso estar preparado para essa nova configuração empresarial, para essa nova maneira de encarar o colaborador, para esse novo mercado. É necessário entender que a empresa hierarquizada já não atende mais à necessidade de velocidade, adaptabilidade e economia, que os colaboradores esperam muito mais da empresa do que o salário no fim do mês e que recrutar bem é mais barato do que treinar uma pessoa sem determinada aptidão. Tudo isso é basilar para a sobrevivência da empresa.

4.2.2 Captação de talentos

Escolhe bem quem escolhe apenas uma vez. Essa parece ser uma frase simples, mas nela há muita sabedoria. Henry Ford já havia detectado o preço alto de um *turnover** elevado. Gastos financeiros com despesas legais, horas de treinamentos jogados fora e informações sensíveis que as pessoas desligadas levam consigo são alguns dos problemas de se escolher mal uma contratação.

Hoje em dia, não basta que o candidato a uma vaga domine as técnicas necessárias para o cargo. Ter personalidade compatível com o que se espera de um colaborador naquele posto é fundamental, medir

---

* Frequência em que os colaboradores são contratados e demitidos.

a capacidade de transformar aquilo que ele sabe em resultados para a organização e detectar se ele se identifica com a missão e os valores defendidos pela empresa também é muito importante. No caso da investigação particular, essa seleção deve ser mais rigorosa ainda porque, como já mencionamos, os colaboradores entrarão em contato com informações sigilosas.

Existem duas formas de recrutamento. Há o **interno**, em que uma pessoa que já trabalha na empresa é realocada para uma posição vaga – normalmente superior àquela que ela ocupava; e o **externo**, em que a empresa vai até o mercado de trabalho à procura de pessoas para contratar. Independentemente de qual seja a forma escolhida, antes de sair à procura de um colaborador, é importante delinear o que se espera dele qual é o salário que será pago, quais são as vantagens extrassalariais que a empresa disponibiliza (vale refeição, plano de saúde, auxílio farmácia etc.), qual é a descrição do cargo em aberto, quais são as características técnicas necessárias, qual é o perfil de personalidade, entre outros aspectos.

Depois de recolhidos os currículos, feitas as entrevistas e escolhida a pessoa a ser contratada, deve-se expor a ela quais são as expectativas da empresa em relação ao seu trabalho. Depois disso, é interessante fazer uma apresentação da empresa, falar sobre a missão, os valores, a postura profissional esperada e a éticas necessárias para o bom convívio, entre outros assuntos convenientes.

4.2.3 Desenvolvimento e treinamento

Como nos ensina a *learning organization*, o foco no aprendizado é um grande diferencial das empresas conscientes de que as pessoas são a força motriz do desenvolvimento e do sucesso de uma organização. Ainda falando da *learning organization*, é importante salientar que o *aprender* a que se refere essa escola não é somente o estudo escolar, acadêmico, formal, mas também o que a empresa pode descobrir com ela mesma e com outras empresas – com os acertos e, principalmente, com os erros). Esse estado de sempre aprender deve estar presente na mente dos gestores, afinal, aprender com os erros dos outros é mais barato do que aprender com os próprios erros.

Os treinamentos que, antes, visavam ao aumento da produtividade e eram focados nas tarefas mecânicas (físicas), hoje chamamos de *desenvolvimento* e buscam capacitar os colaboradores com competências relacionadas às necessidades da empresa, a fim de que produzam melhores resultados e entreguem serviços com melhor qualidade aos clientes. Esse desenvolvimento envolve processos contínuos nos quais o colaborador tem papel ativo na busca pelo conhecimento que agregue valor ao serviço final e/ou à empresa. Nos dias de hoje, podemos diferenciar a palavra *treinamento*, a qual é entendida como algo pontual e específico, da palavra *desenvolvimento*, a qual remete a algo contínuo relacionado a mais de um tema.

> **Importante!**
> Estabelecer quais são os conhecimentos de que empresa necessita, criar um programa de desenvolvimento de competências e incentivar todos os colaboradores a aderir a esse programa fará com que a organização ande na frente de seus concorrentes.

Sobre **estabelecer os conhecimentos necessários**, podemos dizer que o levantamento das competências deve sempre ter como base a **missão** e os **valores** da organização. Além disso, elas precisam ter utilidades práticas que agreguem valor à organização – ou seja, devem ser aplicadas na atividade-meio – ou à prestação de serviços aos clientes (atividade-fim).

A respeito de **desenvolver competências**, o sucesso e a importância do treinamento e do desenvolvimento dentro de algumas empresas foram tão grandes que setores de treinamento e desenvolvimento foram transformados em Universidades Corporativas, verdadeiros centros de ensino e preparo na organização. Com os conhecimentos necessários escolhidos, os gestores de pessoas devem estudar qual é a melhor maneira de disseminá-los. É importante lembrar que um dos fatores-chave é a ação ser contínua, e não pontual.

Com relação a **incentivar**, é preciso saber que utilizar o reforço positivo com os colaboradores que aderem ao programa é muito melhor do que punir aqueles que não se sentiram motivados a participar. Deixar a participação como uma escolha do funcionário pode tornar o convencimento um pouco mais trabalhoso, mas gera um senso de comprometimento, já que, em tese, a decisão é dele próprio, e não da empresa. Impor a obrigatoriedade de participação para todos os colaboradores gera neles alguns sentimentos negativos, o que acaba dificultando seu aprendizado.

Além disso, Cremonezi (2015, grifo do original) destaca mais algumas ferramentas que são muito utilizadas.

> **seminários** – preparação prévia de um tópico para discussão. O instrutor é responsável por organizar as discussões, e levar o grupo a formular algumas conclusões;
> **workshop** – o instrutor apresenta o assunto e o grupo aplica as informações a uma situação real [...];
> **técnicas de simulação** – [...] A simulação pode ser de domínio cognitivo [...]; de domínio psicomotor [...]; domínio reativo [...]; e as de domínio interativo [...]
> **estudos de caso**: simulação voltada à participação no mesmo tipo de processo decisório que o trabalho futuro deverá exigir. Os dados podem ser extraídos de casos reais, imaginados ou adaptados. [...]
> **jogos**: simulam a realidade e envolvem a concorrência entre os indivíduos, a fim de aumentar o interesse e a motivação entre os participantes;

dinâmicas de grupo: utilizam a interação entre os membros do grupo como principal meio de ensino. Envolve técnicas que promovem a solução criativa de problemas complexos [...];
aulas expositivas: o treinador apresenta informações, enquanto os treinandos adotam uma postura passiva [...].

Existem inúmeras formas de oferecer o treinamento. Cabe identificar se o colaborador tem uma sensibilidade mais auditiva, audiovisual ou tática para aplicar o método correto e obter o melhor resultado possível.

4.2.4 Desempenho

Ser competitivo e estar sempre à frente na oferta de serviços de qualidade e que atendam às demandas dos clientes não é mais um diferencial das empresas, mas uma questão *sine qua non* para que elas permaneçam no mercado. Contratar da maneira certa e desenvolver continuamente o colaborador é custoso para a empresa e a contrapartida é o seu desempenho, pois quem a mantém competitiva, quem produz o serviço de qualidade e quem atende às demandas do cliente são as pessoas que nela trabalham.

> **Importante!**
> Manter dentro da empresa o capital humano que faz a diferença, adequar a *performance* daqueles que estão com dificuldades de desempenho e desligar aqueles que, mesmo com ajuda, não conseguiram entregar resultados é uma tarefa do gestor de pessoas.

Nesse sentido, surgem alguns importantes questionamentos: Como mensurar o desempenho dos colaboradores? Quais funcionários mais contribuem positivamente e quais estão com rendimento aquém do esperado?

Como em tudo que vimos até agora, o primeiro passo é planejar de que maneira o desempenho vai ser medido, quais indicadores serão utilizados e quais os pesos de cada um na avaliação final. Na dúvida, deve-se escolher indicadores de desempenho que geram riqueza e agregam valor ao serviço, em detrimento daqueles meramente quantitativos.

É na etapa de execução ou de acompanhamento que se dá a captura dos resultados, a fim de que sejam avaliados. É importante que essa fase do processo seja bem feita, para que o resultado recolhido seja o mais fidedigno possível, não gerando possíveis injustiças.

Por fim, na etapa de avaliação, os dados recolhidos serão analisados e o desempenho será medido conforme foi determinado no planejamento. Nessa fase cabem ações de elogio, caso o colaborador tenha alcançado ótimo desempenho, ou de orientações, no caso de não atingimento de alguns índices importantes.

Dar esse tipo de *feedback* ao funcionário, registrar a conversa e fazer isso com frequência traz veracidade ao processo e maior comprometimento do colaborador.

4.2.5 Remuneração

A **remuneração total** de um funcionário é composta pela remuneração funcional, pela remuneração baseada em resultados e pelos benefícios.

A **remuneração funcional** é o salário propriamente dito, um valor mensal pago em decorrência do trabalho executado. Teoricamente, quanto maior a importância do cargo ocupado dentro da empresa, maior será o valor recebido pelo colaborador. Porém, definir o montante para cada cargo não é tarefa fácil. Para isso existe uma técnica denominada *plano de cargos e salários*, a qual ajuda o Gestor na tomada de decisão relativa ao valor a ser pago para os ocupantes de determinado cargo. O plano de cargos e salários se desenvolve em três etapas:

primeiramente, é feita a análise dos cargos; depois, há uma pesquisa salarial; por fim, ocorre a elaboração da estrutura salarial sugerida para a organização.

A **análise dos cargos** é o primeiro passo do plano de cargos e salários e consiste em descrever cada um dos cargos existentes. Segundo Chiavenato (1999, p. 194), o "cargo se define através da somatória de todas as atividades desempenhadas por uma pessoa, colaborador ou ocupante, que podem ser englobadas em um todo unificado e específico, representado em certa posição formal do organograma da empresa e definindo o seu nível hierárquico".

Ainda segundo Chiavenato (1999, p. 194):

> A descrição de cargos é o processo que consiste em enumerar as tarefas ou atribuições que compõem um cargo e que tornam distintos de todos os outros cargos existentes na organização. Enquanto a descrição se preocupa com o conteúdo do cargo (o que o ocupante faz, quando faz, como faz e por que faz), a análise pretende estudar e determinar todos os requisitos qualitativos, as responsabilidades envolvidas e as condições exigidas pelos cargos, que serão posteriormente avaliados e devidamente classificados para efeito de comparação.

Assim, uma boa descrição de cargos deve ter seu título – que é seu nome propriamente dito, como ele é conhecido na empresa – e sua descrição – detalhamento das atividades individuais executadas por um profissional. Na análise do cargo, constará a descrição do grau de instrução que seu ocupante deve ter, a experiência necessária para exercer aquela função, as aptidões acessórias para isso e as responsabilidades que lhe cabem – sobre pessoas, métodos, processos e informações.

Concluída a análise de cargos, o próximo passo é a **pesquisa salarial**, que nada mais é do que a tomada de salários pagos por empresas equivalentes e concorrentes para determinada função. A média salarial é uma remuneração adequada a ser oferecida pela organização seus colaboradores.

É preciso realizar uma boa descrição de cargos, pois não é raro empresas terem funções iguais com nomes diferentes. Ou seja, o título do serviço é diferente (uma empresa chama o responsável pelas vendas de *vendedor*, outra o chama de *consultor*), mas o cargo é o mesmo. Elaborado o questionário, ele pode ser aplicado pelo responsável pela pesquisa ou ser enviado por correio, por meio eletrônico ou respondido em um *site* na internet. Colhidos os resultados, é calculada a média salarial para cada cargo e desta análise é elaborada a estrutura salarial.

Sobre a **remuneração baseada em resultados**, estamos trabalhando sobre o paradigma de que, para as empresas se manterem no mercado, é necessário alto nível de desempenho, que nada mais é do que o reflexo da atuação das pessoas dentro da organização. Para tanto, é necessário incentivar os colaboradores a manter o nível de desempenho alto e, se possível, aumentá-lo. Para estimular o funcionário sempre em busca de melhores resultados é que surgiu a remuneração baseada em resultados. Os incentivos podem ser bônus, participação nos lucros, comissão, entre outros.

Já os **benefícios** são vantagens não monetárias para os colaboradores. Os mais comum são os planos de saúde, o seguro de vida, a previdência privada e serviços de transporte, veículos, celulares, entre outros.

Além dos salários e dos benefícios, vale a pena atentar-se e incluir no planejamento quais são os custos tributários e os encargos trabalhistas das contratações, para que não surjam surpresas no meio do caminho.

4.2.6 Carreira

O plano de **carreira** dentro de uma organização serve para dar ao colaborador um vislumbre de até onde ele pode chegar se cumprir os requisitos. Como consequência direta, o *turnover* tende a diminuir e a retenção de talentos acaba incentivada. Além disso, a empresa consegue promover pessoas que ela já conhece (suas qualidades e suas limitações, sua personalidade, seu caráter e sua ética etc.).

É função da organização elaborar um plano de carreira, disseminá-lo por todo o ambiente corporativo e colocá-lo em prática com ética e bom senso. Um plano de sucesso deve ter parâmetros claros a serem atingidos, e os quais devem ser alcançados sob risco de terem o efeito inverso na motivação dos colaboradores.

Imaginemos um fictício plano de carreiras. Um dos critérios para assumir uma diretoria é ter escalado o Monte Everest sem equipamentos de oxigênio ao menos duas vezes. Ora, se essa empresa não envolver montanhistas de alto rendimento em seu quadro de colaboradores, esse critério (e o plano de carreira como um todo) é desmotivador, e não inspirador, como deveria ser.

4.2.7 Clima organizacional

Estar em um lugar ruim em boa companhia é bom, mas estar em um lugar bom em péssimas companhias é ruim. Por isso, o **clima organizacional** pode ser definido como o sentimento que o funcionário tem em relação à organização em que trabalha.

Se esse "lugar bom" for uma empresa e as "péssimas companhias", seus colaboradores, o clima organizacional seria péssimo. Caso contrário, ele seria excelente. Para quem já teve a oportunidade de trabalhar em um lugar (no sentido de estrutura física) bastante ruim, mas as pessoas que lá estavam eram positivas e muito legais umas com as outras, deve lembrar-se de um clima organizacional bom.

Porém, aqueles que já trabalharam em um local sofisticado, moderno e limpo, mas repleto de pessoas desagradáveis, deve recordar-se de como era estressante fazer parte daquela equipe, não pelo volume de serviço, tampouco pelas condições de trabalho, mas pelo péssimo clima corporativo. É muito mais fácil para o gestor – e mais fácil ainda para os colaboradores – sentir o clima organizacional ruim do que descobrir suas causas.

Vários fatores internos (como insatisfação salarial, falta de incentivos, nenhuma perspectiva de crescimento na carreira, entre outras) ou externos podem dar início a esse fenômeno. Por isso, é fundamental para o gestor de pessoas conseguir identificar o motivo e atuar no sentido de minimizar seus efeitos negativos no clima organizacional.

4.2.8 Sistemas informatizados na gestão de capital humano

Com o passar dos anos, a tecnologia assumiu importante papel em todos os departamentos da empresa, trazendo mais controle e aumento de produtividade, entre outros benefícios. Com o capital humano, não foi diferente. Cada vez mais as empresas investem na implantação de sistemas de informações de recursos humanos que, se forem adequadamente utilizados, são ferramentas que permitem às áreas traçar suas estratégias de mercado.

Segundo Cooper e Argyris (2003), o processamento, a transmissão e a comunicação da informação são os principais objetivos do sistema de informação para a gestão de uma organização. Ele emprega a tecnologia da informação e da comunicação (TIC) para alcançar seus objetivos.

Sistemas operacionais como o Sistema de Informação de Recursos Humanos (SIRH) tornaram as empresas mais organizadas e a facilidade de atualização de dados muito mais rápida e prática. Basicamente, o SIRH é uma base de dados cujo objetivo é gerar pareceres atualizados a respeito da força de trabalho, visando favorecer a tomada de decisão com um grau de precisão maior.

Figura 4.2 – Fluxo de informações utilizando-se o SIRH

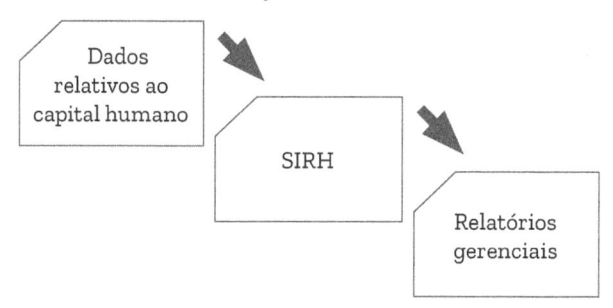

```
Dados relativos ao capital humano → SIRH → Relatórios gerenciais
```

Com o SIRH, os ganhos de eficiência e a eficácia do RH só aumentaram. Existem várias marcas de *software* disponíveis no mercado e ainda há chance de a empresa desenvolver o seu.

Qual caminho seguir? Isso depende das necessidades de cada organização. Se ela optar em adquirir um que já esteja pronto, o tempo de implantação é bem reduzido. Porém, existe a dificuldade de os fabricantes demorarem para fazer adaptações no sistema. Já para o desenvolvimento de um sistema próprio, o custo é menor, mas o prazo de implantação é longo. Muitas empresas têm usado as duas formas em conjunto: adquirem um *software* pronto e, em paralelo, modelam um refletindo as especificidades de suas atividades.

Para modelar um sistema que realmente seja efetivo na geração de relatórios, eles devem ser estruturados da maneira descrita na Figura 4.3 a seguir.

Figura 4.3 – Modelagem do SIRH

```
Definição de variáveis a serem armazenadas na base de dados. → Definição do conjunto de regras para transformar dados em informações. → Elaboração do conjunto de decisões, definidas para a geração de relatórios gerenciais úteis às tomadas de decisões.
```

O ponto de partida para a elaboração de um SIRH é a identificação das variáveis. Portanto, elas devem ser capazes de permitir a formatação de relatórios gerenciais necessários à avaliação dos impactos para as estratégias corporativas. Não basta o profissional do RH modelar o sistema; é necessário o envolvimento de todos os níveis gerenciais para a construção desse modelo.

Em resumo, são inúmeros os benefícios do uso de um SIRH, pois seus resultados e seus benefícios realmente agregam valor à estratégia empresarial. Porém, isso deve ser construído de acordo com as necessidades de cada organização. A base de dados deve ser rica e bem alimentada, se os dados inseridos no sistema não refletirem a realidade, as informações trabalhadas podem não serem úteis na gestão do negócio.

4.2.9 Gerenciando conflitos

Os conflitos existem desde o surgimento da humanidade, fazem parte do processo de evolução dos seres humanos e são necessários para o desenvolvimento da sociedade. Existem diversas formas de administrar um conflito: eles podem ser ignorados, abafados, resolvidos.

Alguns profissionais veem os conflitos de maneira negativa, considerando-os como algo prejudicial para o bom funcionamento das empresas. Porém, existe uma visão positiva sobre ele, pois ele pode ser fonte de novas ideias, levando a discussões de assuntos que, sob pontos de vista diferentes, podem ser muito interessantes.

Os conflitos existem em todos os níveis gerenciais e, muitas vezes, são necessários para tirar as pessoas e as empresas de suas zonas de conforto, gerando reações que podem desenvolver novas formas de fazer as atividades e novos produtos e serviços.

Alguns fatores são considerados como principais causas de conflito. São eles a experiência ou a frustração de uma ou de mais partes, as diferenças de personalidade, as metas distintas e as diferenças em níveis de informações ou percepções.

Existem também variados níveis de conflito, que podem configurar desde uma pequena diferença de opiniões até níveis que chamamos de *conflitos destrutivos*. A seguir, descrevemos a evolução dos conflitos e suas características, segundo Ramos (2010):

- **Nível 1 – Discussão**: é o estágio inicial do conflito; caracteriza-se por ser racional, aberto e objetivo.
- **Nível 2 – Debate**: neste estágio, as pessoas fazer generalizações e já demonstram alguns padrões de comportamento; o grau de objetividade já diminui.
- **Nível 3 – Façanhas**: as partes envolvidas no conflito começam a mostrar grande falta de confiança na discussão.
- **Nível 4 – Imagens fixas**: são estabelecidas imagens preconceituosas em relação à outra parte, fazendo com que as pessoas assumam posições fixas e rígidas.
- **Nível 5 – Ficar com a cara no chão (*Loss of face*)**: trata-se da postura de "continuo neste conflito custe o que custar e lutarei até o fim", gerando dificuldades para que uma das partes se retire.
- **Nível 6 – Estratégia**: neste nível começam a surgir ameaças e o processo de diálogo fica restrito.
- **Nível 7 – Falta de humanidade**: caracteriza-se por mais ameaças e até punições; os comportamentos são destrutivos e as pessoas passam a demonstrar frieza.
- **Nível 8 – Ataque de nervos**: nesta fase, a necessidade de se autopreservar e de se proteger é a principal preocupação.
- **Nível 9 – Ataques generalizados**: neste nível chega-se às vias de fato e não há alternativa a não ser a retirada de um dos lados envolvidos, ou a derrota dos dois.

Esse modelo se aplica a qualquer tipo de conflito, e um profissional de investigação particular pode enfrentar essa situação internamente, em sua empresa, ou até mesmo entre clientes. Conhecendo-se técnicas de gerenciamento de conflitos, será mais fácil entender e ajudar em suas soluções.

E como lidar com essa situação? Para ser eficaz na resolução de conflitos, é preciso compreender alguns passos a serem seguidos e definir um estilo a ser adotado.

Figura 4.4 – Gerenciamento de conflitos

1. Criar uma atmosfera afetiva.	2. Esclarecer percepções.	3. Focalizar as necessidades individuais e compartilhadas.
4. Construir um poder positivo e compartilhado.	5. Olhar para o futuro e aprender com o passado.	6. Gerar opções de ganhos mútuos.
	7. Desenvolver passos para ação a ser executada.	8. Estabelecer acordos com benefícios mútuos.

Saber se comunicar, saber ouvir e saber o que perguntar também são habilidades que ajudam na difícil tarefa de administrar conflitos.

Para um entendimento mais preciso desse assunto, devemos ter a compreensão de todas as possibilidades. Para algumas pessoas, o termo *conflito* causa arrepios, pois é reconhecido unicamente como destrutivo. Porém, como vimos, ele pode ser uma forma de crescimento e, se bem trabalhado, é capaz de gerar benefícios para os envolvidos.

Síntese

Neste capítulo, vimos que o capital humano é o que tem maior importância nas empresas. Porém, a sua gestão é a mais complexa de todas.

Para garantir a imagem da empresa como referência no mercado, não basta ter o melhor serviço e o melhor produto, é necessário ter o melhor atendimento, ou seja, as melhores pessoas. Por isso, investir em treinamentos, encontrar os melhores perfis de acordo com os valores da empresa, oferecer uma remuneração compatível com o mercado e a função são atitudes que dão sustentação para a marca.

Além disso, funcionários bem gerenciados se sentem mais valorizados e entregam mais para a empresa. Reter esses profissionais e garantir que eles entreguem o melhor para a organização é umas das principais atribuições do departamento de gestão de pessoas.

Questões para revisão

1. Descreva brevemente a evolução do entendimento sobre as pessoas dentro das organizações.

2. O que é clima organizacional e qual é a sua importância para o bom funcionamento da empresa?

3. Qual é o real motivo para os departamentos de Recurso Humanos estarem mudando seus nomes para Gestão de Pessoas?
    a) Um modismo surgido nos Estados Unidos.
    b) A mudança do entendimento sobre a importância das pessoas na organização.
    c) Determinação legal por meio de portaria do Ministério do Trabalho.
    d) A maneira como esses departamentos são é chamado em programas de controle de funcionários.

e) Nenhuma das alternativas anteriores.

4. Qual é o significado da palavra *turnover* no contexto da gestão de pessoas?
   a) Alta rotatividade de funcionários na empresa.
   b) Alto grau de motivação medido entre os funcionários.
   c) Baixo número de pessoas procurando emprego no mercado.
   d) Termo que indica a capacidade de a empresa de crescer nos próximos anos.
   e) Aumento do número de vagas de emprego no mercado.

5. O capital humano é um dos insumos mais complexos de gerir. Por quê?
   a) Porque não é possível motivar as pessoas de maneira alguma.
   b) Porque os seres humanos são únicos e devem ser tratados como tal.
   c) Porque as pessoas nunca se identificam com os ideais da empresa.
   d) Porque a única forma de motivação que funciona é a financeira.
   e) Nenhuma das alternativas anteriores.

Questão para reflexão

1. Levando-se em conta tudo que foi estudado nesse capítulo, como deve ser o relacionamento entre um gestor e seus futuros colaboradores?

Para saber mais

CARBONE, P. P. et al. **Gestão por competência e gestão do conhecimento**. Rio de Janeiro: FGV, 2005.

CHIAVENATO, I. **Gestão de pessoas**: o novo papel dos recursos humanos nas organizações. 2. ed. São Paulo: Campus, 2005.

DRUCKER, P. **Administrando para o futuro**. São Paulo: Pioneira, 1993.

LUCENA, M. D. S. **Planejamento de recursos humanos**. São Paulo: Atlas, 1991.

Para saber mais a respeito dos temas tratados neste capítulo, sugerimos a leitura dessas obras.

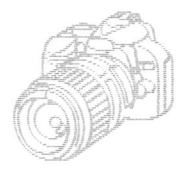

5

GESTÃO DE FINANÇAS

Conteúdos do capítulo:
- Definição de *finanças*.
- Histórico da gestão de finanças.
- Explicação sobre alguns demonstrativos contábeis e financeiros e como utilizá-los.

Após o estudo deste capítulo, você será capaz de:
1. compreender a importância da área financeira para a empresa;
2. ser capaz de ler e compreender os principais relatórios financeiros e contábeis utilizados.

Neste capítulo, veremos como gerenciar uma das áreas fundamentais para a continuidade de qualquer negócio: a área financeira. O histórico da administração financeira, sua importância, noções básicas sobre controle financeiro e noções sobre matemática financeira serão apresentados, com a intenção de que, ao final dessa etapa, seja mais fácil entender os principais demonstrativos financeiros e contábeis, fundamentais para a boa gestão financeira das empresas.

5.1 Conceito de *finanças*

As finanças têm como objeto de estudo os tipos de recursos financeiros existentes, os meios, as maneiras e as repercussões que a transferência desses recursos entre os entes que constituem o mercado produzem na entidade estudada.

Em outras palavras, como bem definiu Lawrence J. Gitman (2001, p. 34) em seu livro *Princípios de administração financeira essencial*.

> As finanças podem ser definidas como a arte e a ciência de gerenciamento de fundos. Virtualmente, todos os indivíduos e organizações ganham ou captam recursos e gastam ou investem dinheiro. As finanças lidam com o processo, as instituições, os mercados e os instrumentos envolvidos na transferência de dinheiro entre indivíduos, negócios e governos.

A administração financeira tem por objetivo controlar o fluxo de capital dentro de uma organização. Para tal, ela lança mão de variadas técnicas que visam analisar, planejar, controlar e executar ações relativas às questões financeiras da empresa. Estar de olho no fluxo de dinheiro dentro da organização, bem como olhar para o mercado e saber o que está por vir é o que faz do administrador financeiro um profissional importantíssimo dentro das empresas.

5.1.1 Histórico

A administração financeira só teve sua emancipação como ramo específico de estudos por volta da década de 1900. Nessa época ela estava ainda muito focada no controle e na escrituração, tornando-se uma ferramenta cujo objetivo principal era a descrição do estado financeiro da empresa no tempo. Com o passar dos anos e com o surgimento de novos desafios, a administração de finanças evoluiu.

Quando a economia ia mal, os estudiosos se preocupavam com a solvência das empresas (capacidade do fluxo de caixa de pagar suas dívidas de acordo com o vencimento delas) – vide a crise de 1930. Quando a economia reagiu, o foco de estudos se voltou para o aumento de capital, incrementando ainda mais a riqueza das empresas e dos acionistas.

Mais recentemente (década de 1990), os administradores financeiros voltaram seus olhos para o planejamento financeiro. Nessa época, novos paradigmas surgiram, como a globalização e as multinacionais atuando em diversos países. A compra e a venda de ações se tornou ainda mais global, colocando novos atores no mercado, o avanço da tecnologia alavancou a produtividade da administração financeira e a popularização da internet, entre outros fatores, foram alguns dos inúmeros acontecimentos que marcaram a história da administração financeira.

5.1.2 Importância da gestão de finanças para o sucesso de um empreendimento

A gestão de finanças é um dos pilares da empresa. Entender conceitos básicos de matemática financeira, de contabilidade e de administração financeira é essencial para quem quer alcançar o sucesso no mundo dos negócios de qualquer segmento do mercado.

Há muitas dúvidas sobre o tema, como: Todo o dinheiro que entrar é meu? Minha empresa está dando lucro ou prejuízo? Quanto do dinheiro eu posso pegar a título de pró-labore? Minhas contas particulares podem se misturar com as contas do escritório?

Elas serão respondidas no decorrer deste capítulo. Para tanto, é necessário analisarmos algumas ferramentas, as quais serão mostradas a seguir.

5.2 Noções básicas de controle financeiro

Veremos agora algumas noções básicas de controle financeiro com o uso da matemática financeira, da contabilidade e da administração financeira. Focaremos nossa análise na parte prática e de utilização direta nos negócios em detrimento das deduções de fórmula, da fundamentação teórica e dos demais aprofundamentos, tendo em vista que o mais importante, nesse primeiro momento, é saber aplicar esses conhecimentos no dia a dia.

5.2.1 Noções básicas de matemática financeira

O objeto de estudo da matemática financeira é o **valor do dinheiro no tempo**. Mas como o valor do dinheiro pode variar no tempo?

Vejamos um exemplo prático.

> **Exemplo prático**
>
> Uma empresa fechou um contrato com determinado cliente e recebeu dez mil reais de pagamento. Desse valor, gastou cinco mil reais com despesas para a realização do serviço. Para esse exemplo, vamos considerar que os cinco mil reais restantes são lucro. O que é possível fazer com esse dinheiro?

Entre infinitas possibilidades, vamos analisar as três seguintes:

1. Comprar imediatamente alguma coisa.
2. Guardar esse dinheiro embaixo do colchão.
3. Investir na poupança.

Se a ideia por comprar algo imediatamente, não há muita coisa a ser estudada pela matemática financeira, a não ser a troca de dinheiro por mercadoria (não é o caso de nos aprofundarmos nisso neste momento). Caso decida-se guardar o dinheiro embaixo do colchão, a empresa perderá dinheiro com o tempo, já que a inflação vai corroer o valor. Isso significa dizer que, mesmo que o valor numérico permaneça inalterado (cinco mil reais), o poder de compra não será o mesmo.

No último caso, a empresa investiria o dinheiro na poupança, faria um depósito em um banco, no que as pessoas costumam chamar de *Caderneta de Poupança*, e a instituição bancária iria creditar, após um mês, um valor na conta, chamado popularmente de *juros da poupança* ou *rendimentos*, que nada mais é que um valor pago pelo banco a um cliente por ter ele deixado seu dinheiro na instituição. Obviamente, o banco não deixa o dinheiro lá "parado", mas reinveste em outras aplicações definidas por lei.

Como fazer o cálculo dos juros a serem pagos (no caso de empréstimos) ou recebidos (no caso de aplicações e investimento) é o que veremos a seguir.

Juros simples

Nos **juros simples**, a taxa incide somente sobre o capital inicial.

A fórmula para o cálculo do juro simples é: $J = P \cdot i \cdot n$.

Quadro 5.1 – Símbolos relacionados aos juros simples

Variável	Símbolo
Juros simples	J
Taxa de juros	i
Valor presente (principal)	P
Tempo (número de períodos)	n
Valor futuro (montante)	M

Exercício resolvido

Por exemplo, João emprestou R$ 1.000,00 de Paulo e ficou de pagar o valor integral, mais o juro simples, em 3 meses. A taxa de juros combinada foi de 2% ao mês.

Qual é o valor dos juros simples devidos por Paulo no final do período?

P = 1 000; i = 2% ao mês; n = 3 meses; J = ?

$J = P \cdot i \cdot n \Rightarrow J = 1\,000 \cdot 0{,}02 \cdot 3 \Rightarrow J = 60$

Portanto, o valor de juros devido por Paulo no final do período é de R$ 60,00.

Valor futuro (montante)

O **valor futuro**, ou **montante**, é o valor que a dívida terá no final do período.

A fórmula para calcular o montante é: $M = P \cdot (1 + i \cdot n)$.

Exercício resolvido

João ainda não resolveu sua vida financeira e voltou a pedir dinheiro emprestado a Paulo. Dessa vez, pegou R$ 1.500,00. Foi acertado que seriam cobrados os mesmos 2% de juros do empréstimo anterior pelo mesmo período de tempo (3 meses).

Ao final dos três meses, qual é o valor necessário para quitar a dívida de João com Paulo?

P = 1 500; i = 0,02; n = 3; M = ?
M = P · (1 + i · n) ⇒ M = 1 500 · (1 + 0,02 · n) ⇒ M = 1 590,00

Portanto, o valor futuro (ou montante) necessário para quitar a dívida por Paulo no final do período é de R$ 1.590,00.

Desconto simples

O **desconto simples** é a diferença entre o valor futuro (também chamado de *valor nominal*) e o valor presente (também chamado de *valor atual*), quando a dívida é paga antes do vencimento.

A fórmula para calcular o desconto simples comercial é: **d = N · i · n**.
A fórmula para calcular o valor presente (atual) é: **V = N · (1 – i · n)**.

Quadro 5.2 – Símbolos relacionados ao desconto simples

Variável	Símbolo
Desconto simples comercial	d
Taxa de descontos simples	i
Valor presente (atual)	V
Tempo (número de períodos de antecipação)	n
Valor futuro (nominal)	N

Exercício resolvido

Agora João começou a melhorar sua vida financeira e decidiu adiantar o pagamento do empréstimo realizado no exemplo anterior. O valor do título ao final do período, como calculamos, era de R$ 1.590,00. João vai quitar a dívida já no primeiro mês, ou seja, dois meses antes do combinado. A taxa combinada de desconto será a mesma que a dos juros cobrados (2%).

Qual é o valor do desconto e qual é o valor atual da dívida?

N = 1 590,00; i = 0,02; n = 2; d = ?; V = ?
d = N i · n ⇒ d = 1 590 · 0,02 · 2 ⇒ d = 63,60
V = N (1 – i · n) ⇒ V = 1 590 · (1 – 0,02 . 2) ⇒ V = 1 526,40

Portanto, o valor do desconto é de R$ 63,60 e o valor atual da dívida é de R$ 1.526,40.

Juros compostos

Os **juros compostos** ocorrem quando a taxa de juros incide sobre o capital inicial mais os juros acumulados até o período anterior ao que se está calculando.

A fórmula para calcular o valor futuro (montante) é: **VF = VP · $(1+i)^n$**.

A fórmula para calcular os juros compostos é: **J = VP · $[(1+i)^n - 1]$**.

Quadro 5.3 – Símbolos relacionados aos juros compostos

Variável	Símbolo
Juros compostos	J
Valor futuro (montante)	VF
Prazo	n
Valor presente (principal)	VP
Taxa de juros	i

Exercício resolvido

As coisas realmente melhoraram! João, de devedor, passou a ter dinheiro para investir! Aconselhado por um amigo, ele pegou os R$ 15.000,00 que estavam guardados debaixo do colchão e os investiu em uma aplicação durante 9 meses, a uma taxa de 4% ao mês.

Qual é o valor que João terá ao final do tempo de aplicação? Qual é o valor dos juros compostos que João acumulou?

$VP = 15\,000$; $n = 9$; $i = 0,04$; $VF = ?$; $J = ?$
$VF = VP \cdot (1 + i)^n \Rightarrow VF = 15\,000 \cdot (1 + 0,04)^9 \Rightarrow$
$VF = 21\,349,68$
$J = VP \cdot [(1 + i)^n - 1] \Rightarrow J = 15\,000 \cdot [(1 + 0,04)^9 - 1] \Rightarrow$
$J = 6\,349,68$

Portanto, o valor que João terá ao final dos 9 meses é de R$ 21.349,68, e o valor dos juros compostos é de R$ 6.349,68.

Descontos compostos

Como no desconto simples, os descontos compostos são a diferença entre o valor futuro (também chamado de *valor nominal*) e o valor presente (também chamado de *valor atual*), quando a dívida é paga antes do vencimento. A única diferença é que lá se tratava de juros simples e, agora, estamos falando de juros compostos.

A fórmula para calcular o valor presente (atual) é: **$VP = VF/(1 + i)^n$**.

A fórmula para calcular o desconto composto é: **$D = VF - VP$**.

Quadro 5.4 – Símbolos relacionados aos descontos compostos

Variável	Símbolo
Desconto composto	D
Taxa de desconto	i
Valor presente (atual)	VP
Tempo (número de períodos de antecipação)	n
Valor futuro (Nominal)	VF

Exercício resolvido

Não precisamos falar que as finanças de João andam de vento em popa! Agora, nosso amigo resolveu quitar seu carro. O financiamento foi feito a juros compostos, no valor de R$ 65.000,00, e João vai pagar o veículo 9 meses antes do vencimento, a uma taxa efetiva de desconto composto de 4% ao mês.

Qual é o valor do desconto ao qual João terá direito? E o valor atual da dívida?

VF = R$ 65 000,00; n = 9; i = 0,04; VP = ?; D = ?;
VP = VF/$(1 + i)^n$ $\Rightarrow$ VP = 65 000,00/$(1 + 0,04)^9$ $\Rightarrow$
VP = 45 668,51
D = VF − VP $\Rightarrow$ D = 65 000,00 − 45 668,51 $\Rightarrow$ D = 19 331,49

Portanto, João terá um desconto de R$ 19.331,49 e o valor atual da dívida é de R$ 45.668,51.

5.3 Noções básicas de contabilidade

Segundo Ferreira, em seu livro *Contabilidade básica: finalmente você vai aprender contabilidade*, a contabilidade é a "Ciência que estuda o patrimônio do ponto de vista econômico e financeiro, bem como os princípios e as técnicas necessárias ao controle, à exposição e à análise dos elementos patrimoniais e de suas modificações" (Ferreira, 2006, p. 1).

Comenta o autor que o primeiro congresso brasileiro de contabilidade, realizado em 1924, definiu-a como a ciência a estudar e a praticar as funções de orientação, controle e registros dos atos e dos fatos de uma administração econômica.

No livro *Contabilidade introdutória* (Iudícibus, 1998, p. 21), escrito por uma equipe de professores da Faculdade de Economia, Administração e Contabilidade da Universidade de São Paulo (Feausp), consta a seguinte definição:

> A Contabilidade, na qualidade de ciência aplicada, com metodologia especialmente concebida para captar, registrar, acumular, resumir, e interpretar os fenômenos que afetam as situações patrimoniais, financeiras e econômicas de qualquer ente, seja este pessoa física, entidade de finalidade não lucrativas, empresa, seja mesmo pessoa de Direito Público, tais como Estado, Município, União, Autarquia etc., tem um campo de atuação circunscrito às entidades supranacionais, o que equivale a dizer muito amplo.

Resumidamente, podemos então entender a contabilidade como uma ciência que tem por objeto de estudo a escrituração (registro), o controle e a análise das mudanças patrimoniais no ente econômico estudado. Nosso foco será no aprendizado da leitura e do entendimento dos relatórios contábeis: balanço patrimonial (bp) e demonstração do resultado do exercício (DRE).

Os relatórios contábeis podem ser classificados, quanto à finalidade, em dois grandes grupos: controle e planejamento. O **controle** se refere aos relatórios que possibilitam aos gestores observar se a política, os processos e os procedimentos estão sendo realizados dentro do que foi estabelecido. Por exemplo, se o empreendedor limitou os valores de compras a X% das receitas, ou se determinou que as vendas à vista fossem, pelo menos, 60% do total de vendas no mês, é no relatório contábil que ele poderá verificar se suas determinações estão sendo cumpridas.

Os relatórios destinados a auxiliar o planejamento demonstram ao tomador de decisão, por exemplo, o histórico da evolução patrimonial da empresa, a posição atual do patrimônio, o nível de endividamento, os valores a receber etc. Com essas informações em mãos, o gestor poderá agir com mais segurança.

Para entendermos um pouco mais sobre esses relatórios e perceber a importância deles para a empresa, devemos dominar algumas definições úteis.

A Tabela 5.1 mostrada a seguir traz um **balanço patrimonial** resumido para fins didáticos.

Tabela 5.1 – Balanço patrimonial resumido

Sherlok Investigações Particulares Balanço patrimonial em 1º de janeiro de 2019				
Ativo		**Passivo e patrimônio líquido**		
Caixa	R$ 5.000,00	**Passivo**		
Banco	R$ 1.500,00	Títulos a pagar	R$ 25.000,00	R$ 25.000,00
Títulos a receber	R$ 8.000,00	**Patrimônio líquido**		
Estoque	R$ 2.000,00	Capital	R$ 30.000,00	
Veículos	R$ 55.000,00	Lucros acumulados	R$ 16.500,00	R$ 46.500,00
Total	R$ 71.500,00	**Total**		R$ 71.500,00

Definimos os itens da Tabela 5.1 da seguinte maneira:

- **Ativo** – São todos os bens e direitos que a empresa tem. Por exemplo, dinheiro em caixa, depósitos em bancos, veículos, imóveis, materiais, matérias-primas e contas a receber são os ativos de uma empresa.
- **Passivo** – Ao contrário dos ativos, são todas as obrigações financeiras da empresa, o que ela deve para seus fornecedores, boletos a pagar, salários de funcionários, impostos, entre outros.
- **Patrimônio líquido (PL)** – Por definição, é a diferença entre o total do ativo e o total do passivo de uma empresa.

Por consequência, temos as seguintes situações possíveis em uma organização:

- Partindo-se da fórmula inicial:

> **patrimônio líquido = ativo – passivo**

- Uma empresa em situação de normalidade:

> **ativo = passivo + patrimônio líquido**

- Uma empresa em dificuldades tem um passivo a descoberto:

> **ativo + patrimônio líquido = passivo**

Entendidos esses conceitos, podemos progredir nossa análise sobre quais são as ações que fazem variar o PL dentro de uma organização. São elas:

- **Receitas** – De forma resumida, podemos entender as receitas como sendo as entradas de ativos, normalmente resultados de vendas. Aumentando-se a receita, aumenta o valor do ativo e, por consequência, o PL é majorado.
- **Despesas** – São gastos que a empresa deve ter para poder produzir receitas. Para uma empresa em situação de normalidade, espera-se que as despesas sejam inferiores às receitas que ela ajudou a produzir. Uma despesa, num primeiro momento, tende a aumentar o passivo, diminuindo assim o PL.
- **Resultado** – Existem três possibilidades de resultados: (1) quando as receitas superam as despesas, o resultado será positivo e teremos lucro, o que aumenta o PL; (2) quando as despesas superam as receitas, o resultado será negativo e teremos prejuízo, o que diminui o PL; (3) Caso as receitas e as despesas se igualem em valor, o resultado será zero e, por consequência, não haverá alteração do PL.

Agora que vimos a definição de alguns termos contábeis, vamos ao estudo dos relatórios propriamente ditos.

5.3.1 Balanço patrimonial (BP)

O **balanço patrimonial** (BP) é um tipo de demonstração contábil que mostra a situação do patrimônio da organização em determinado momento, como uma fotografia. No BP podemos ver, de forma rápida e direta, os ativos, os passivos e o PL.

Com uma sequência de BP de diversos tempos diferentes em mãos, é possível ver a evolução dos seus componentes e analisar como anda a situação da empresa, se seus ativos estão aumentando, se o passivo está subindo demais ou qual é a variação sofrida pelo PL.

Vejamos o balanço patrimonial disposto na tabela a seguir.

Exemplo prático

Tabela 5.2 – Exemplo de balanço patrimonial

Sherlok Investigações Particulares Balanço Patrimonial em 31/12/2019 e 31/12/2018		
Ativo	**31/12/2019**	**31/12/2018**
Caixa	R$ 12.000,00	R$ 10.000,00
Material de escritório	R$ 1.000,00	R$ 500,00
Títulos a receber	R$ 13.000,00	R$ 10.000,00
Móveis	R$ 10.000,00	R$ 10.000,00
Equipamentos de informática	R$ 8.000,00	R$ 8.000,00
Veículos	R$ 55.000,00	R$ 55.000,00
TOTAL DO ATIVO	R$ 99.000,00	R$ 93.000,00
Passivo	**31/12/2019**	**31/12/2018**
Salários	R$ 15.000,00	R$ 8.000,00
Empréstimos	R$ 20.000,00	R$ 40.000,00
Contas a pagar	R$ 12.000,00	R$ 5.000,00
Patrimônio líquido		
Capital social	R$ 30.000,00	R$ 30.000,00
Lucros ou prejuízos acumulados	R$ 22.000,00	R$ 10.000,00
Total do patrimônio líquido	R$ 52.000,00	R$ 40.000,00
Total do passivo	R$ 99.000,00	R$ 93.000,00

Nessa tabela, podemos ver que, de 31/12/2018 a 31/12/2019, o total do ativo passou de R$ 93.000,00 para R$ 99.000,00, uma diferença de R$ 6.000,00. No mesmo período, o passivo foi de R$ 53.000,00 para R$ 47.000,00, uma redução de R$ 6.000,00. Com isso, o PL foi de R$ 93.000,00 para R$ 99.000,00, um aumento de R$ 6.000,00 de 2018 para 2019. Podemos afirmar que, tendo em vista os dados apresentados, a empresa está evoluindo seu patrimônio, mas de uma forma relativamente lenta, já que, se dividirmos R$ 6.000,00 por 12 meses, isso vai dar um aumento patrimonial de apenas R$ 500,00 por mês.

Caso haja necessidade, podemos comparar a evolução ou a redução de valores item a item, tornando a análise ainda mais criteriosa. O importante é perceber que, comparando-se o BP de dois períodos diferentes, é possível, de forma rápida e fácil, verificar o estado patrimonial da empresa ao longo do tempo.

5.3.2 Demonstração do resultado do exercício

A chamada **demonstração do resultado do exercício** (DRE) foi elaborada para mostrar como se formou o lucro ou o prejuízo no período estudado. Isso dá uma excelente ferramenta de análise que, se conjugada com o BP, fornece ao tomador de decisão informações seguras e detalhadas sobre situação da empresa naquele dado momento.

Confira este exemplo.

Tabela 5.3 – Exemplo de demonstração do resultado do exercício

Sherlok Investigações Particulares Demonstração do Resultado dos exercícios em 31/12/2019 e 31/12/2018		
Resultados / Exercício	**31/12/2019**	**31/12/2018**
Receita bruta Serviços	R$ 50.000,00	R$ 41.000,00
Imposto sobre serviços (12%)	R$ (6.000,00)	R$ (4.920,00)
Receita líquida	R$ 44.000,00	R$ 36.080,00
Custo dos serviços vendidos	R$ (20.000,00)	R$ (16.400,00)
Lucro bruto	R$ 24.000,00	R$ 19.680,00
Despesas operacionais		
Despesa com venda	R$ (1.000,00)	R$ (820,00)
Despesas administrativas	R$ (2.000,00)	R$ (2.000,00)
Resultado operacional	R$ 21.000,00	R$ 16.860,00
Resultado não operacional	***	***
Resultado antes do Imposto de Renda e da contribuição social	R$ 21.000,00	R$ 16.860,00
Participação nos resultados	***	***
Lucro líquido	R$ 21.000,00	R$ 16.860,00

Nesse quadro demonstrativo, podemos observar que a receita bruta de vendas foi de R$ 41.000,00, em 2018, para R$ 50.000,00, um aumento de R$ 9.000,00, enquanto o lucro líquido foi de R$ 16.860,00 para R$ 21.000,00, um aumento de R$ 4.140,00. Isso é o mesmo que afirmar que tivemos um crescimento de 19% na receita e no lucro líquido.

Perceba que não é necessário um profundo conhecimento em contabilidade ou em finanças para podermos tirar algumas conclusões, olhando tanto para o quadro comparativo da DRE quanto para o do BP.

5.3.3 Contabilidade de serviços

A **contabilidade de serviços** é estudada dentro de uma área chamada de *contabilidade de custos*. Entendemos que os custos de empresas especializadas na prestação de serviços podem ser controlados – salário dos funcionários, materiais a serem utilizados, energia elétrica, veículos, aluguel de salas, entre outros.

Os custos relativos à prestação de serviços podem ser custos diretos ou custos indiretos. Os **custos diretos** são aqueles que estão diretamente envolvidos com a prestação do serviço. Podemos dizer ainda que eles têm uma relação imediata com o serviço prestado. Ou seja, se há serviço, o custo existe; se não há, ele não existe.

Caso o serviço aumente, os custos aumentam na mesmo proporção. Eles se subdividem em materiais diretos e mão de obra direta:

- **Materiais diretos** – São materiais utilizados somente na prestação de determinado serviço – por exemplo, as folhas de papel para impressão, a locação de um veículo para a prestação do serviço.
- **Mão de obra direta** – É a mão de obra utilizada somente na prestação de determinado serviço em especial. No caso de funcionários contratados anteriormente, deve-se computar somente as horas trabalhadas para o serviço, e não o custo total com o empregado.

Os **custos indiretos**, em que pese também serem consumidos na prestação do serviço, tomam parte de maneira presumida, por rateios e/ou em forma de estimativas, devido à dificuldade de ligá-los diretamente ao serviço. Esses custos não crescem à medida que o serviço aumenta, ou crescem de maneira desproporcional.

Alguns custos indiretos podem ainda existir sem que haja serviços em andamento – por exemplo, gastos com aluguel, com energia elétrica, com manutenção de bens utilizados na prestação de serviços, entre outros.

5.4 Noções básicas de administração financeira

Como visto no início do capítulo, podemos definir *finanças* como sendo a ciência do gerenciamento de recursos financeiros (Gitman, 2001), meta é o aumento da riqueza do gestor – ou do proprietário da riqueza para o qual aquele gestor está trabalhando.

O administrador financeiro é o responsável pela gerência de todas as questões financeiras da organização, como contas a receber, contas a pagar, fluxo de caixa, controle, planejamento, concessão de crédito a clientes, empréstimos, operações bancárias, pagamento de pessoal, investimentos, entre dezenas de outras atribuições. Todas elas são norteadas pela missão principal da administração financeira dentro de uma organização, que é a de maximizar os resultados da empresa, aumentando a riqueza dos empreendedores.

Uma das mais importantes funções da administração financeira – se não a mais importante – é o controle do fluxo de caixa da empresa. A má administração financeira – ou até mesmo a falta dela – do fluxo de caixa é, sem dúvida, um dos principais motivos da alta taxa de mortalidade de pequenas empresas.

5.4.1 Gestão do caixa

A gestão do caixa é de suma importância para a sobrevivência e o crescimento saudável da empresa. A principal ferramenta para o gestor é o chamado *fluxo de caixa*, um relatório que permite acompanhar a evolução das entradas e das saídas de dinheiro da empresa em determinado período de tempo. Se for bem elaborado, esse relatório permite ao gestor antever a necessidade de caixa: falta de dinheiro para honrar compromissos ou sobras para serem destinadas a investimentos, por exemplo.

Para que o relatório de fluxo de caixa seja uma ferramenta confiável, o lançamento dos valores no sistema de controle financeiro (se houver) ou na planilha eletrônica deve ser feito de forma correta e criteriosa. Para tanto, é necessário investimento em treinamento e em qualificação da pessoa que for responsável por isso.

Outro ponto importante a ser comentado é que o fluxo de caixa é construído no regime de caixa, enquanto os relatórios contábeis são feitos baseados no regime de competência. No **regime de caixa**, os valores de entrada são computados quando entram ou quando deverão entrar no caixa; no **regime de competência**, a entrada do valor se dá no mês da venda do serviço. Assim, os valores contidos no relatório de fluxo de caixa não serão coincidentes com os valores contidos em um relatório contábil.

A seguir, temos duas tabelas que demonstram a diferença entre os regimes de caixa e de competência.

Tabela 5.4 – Exemplo de lançamentos em regime de caixa

Tipo/Data	03/2019	04/2019	05/2019	06/2019	07/2019	08/2019
ENTRADAS		R$ 2.000,00	R$ 2.000,00	R$ 2.000,00	R$ 2.000,00	R$ 2.000,00

Como podemos observar na Tabela 5.4, no regime de caixa é registrada a entrada efetiva de dinheiro, respeitando-se a data em que ele foi recebido.

Tabela 5.5 – Exemplo de lançamentos em regime e competência

Tipo/Data	03/2019	04/2019	05/2019	06/2019	07/2019	08/2019
Contas a Receber	R$ 10.000,00					

Já no regime de competência, o registro do lançamento é feito quando o negócio é efetivado, independentemente do recurso financeiro já ter sido recebido.

Tabela 5.6 – Exemplo de fluxo de caixa

Sherlok Investigações Particulares Demonstração dos Fluxos de Caixa de Abril a Agosto de 201X					
Conta	Abril	Maio	Junho	Julho	Agosto
Saldo anterior	R$ 10.000,00	R$ 1.000,00	R$ 1.000,00	R$ 1.000,00	R$ 1.000,00
Vendas	R$ 30.000,00	R$ 25.000,00	R$ 55.000,00	R$ 44.000,00	R$ 35.000,00
Compras	R$ (5.000,00)	R$ (6.000,00)	R$ (3.000,00)	R$ (4.000,00)	R$ (2.000,00)
Subtotal	R$ **35.000,00**	R$ **20.000,00**	R$ **53.000,00**	R$ **41.000,00**	R$ **34.000,00**
Salários	R$ (5.000,00)	R$ (6.200,00)	R$ (6.200,00)	R$ (7.500,00)	R$ (7.500,00)
Impostos (14%)	R$ (700)	R$ (868,00)	R$ (868,00)	R$ (1.050,00)	R$ (1.050,00)
Propaganda	R$ (7.000,00)	R$ (8.500,00)	R$ (5.000,00)	R$ (9.000,00)	R$ (6.500,00)
Aluguel	R$ (2.000,00)	R$ (2.000,00)	R$ (2.000,00)	R$ (3.500,00)	R$ (3.500,00)
Combustível	R$ (1.000,00)	R$ (1.570,00)	R$ (1.250,00)	R$ (2.100,00)	R$ (2.250,00)
Despesas administrativas	R$ (500,00)	R$ (700,00)	R$ (450,00)	R$ (1.000,00)	R$ (1.000,00)
Saldo	R$ **18.800,00**	R$ **162,00**	R$ **37.232,00**	R$ **16.850,00**	R$ **12.200,00**
Depositar/Resgatar	R$ (17.800,00)	R$ 838,00	R$ (36.232,00)	R$ (15.850,00)	R$ (11.200,00)
Caixa mínimo	R$ 1.000,00	R$ 1.000,00	R$ 1.000,00	R$ 1.000,00	R$ 1.000,00

O relatório de fluxo de caixa deve ser analisado juntamente com os relatórios contábeis BP e DRE, para que se tenha maior segurança e se possa tomar a melhor decisão baseada em dados fidedignos. Podemos ver que o relatório de fluxo de caixa é de fácil entendimento e permite ao tomador de decisão avaliar vários itens, como o índice de variação dos valores recebidos com vendas, o dinheiro que está sendo gasto com materiais, a variação dos valores pagos a título de salários, os gastos com aluguel, a capacidade da empresa de gerar um fluxo de caixa positivo e cumprir com suas obrigações, entre outros.

O mercado, cada vez mais competitivo, dinâmico e com clientes mais exigentes, faz da boa administração financeira uma necessidade para a sobrevivência e o crescimento da empresa. O primeiro passo para se alcançar a excelência nas finanças é ter um fluxo de caixa muito bem gerido. Como já comentamos, a má gestão do fluxo de caixa é, sem dúvida, um dos grandes fatores para a mortalidade das empresas de pequeno porte no Brasil.

Saber alimentar o sistema de controle financeiro (ou a planilha eletrônica) de maneira correta, manter o foco no controle do fluxo de caixa, observar outros relatórios financeiros e contábeis, estar atento às mudanças no mercado financeiro e ter sobriedade na hora de gastar o dinheiro da empresa são alguns cuidados (entre muitos outros) que o gestor deve sempre ter em mente.

Síntese

Ao longo deste capítulo, analisamos a importância da administração financeira para a sobrevivência e o crescimento saudável de um empreendimento. Não basta ter talento em determinado âmbito de atuação, pois é preciso aprender e aplicar conhecimentos de outras áreas – e os fundamentos básicos em finanças apresentados são exemplo disso.

Com o auxílio dos relatórios contábeis e financeiros, é possível verificar se a empresa está dando lucro ou prejuízo, qual é a tendência de entrada de dinheiro, quais são os gastos que mais impactam o fluxo de caixa e em que área ela pode economizar, entre outras informações.

Por isso, é importante manter as contas particulares separadas das contas da empresa, para que os relatórios não sejam influenciados por gastos que não dizem respeito ao funcionamento do empreendimento. Outro erro comum dos empreendedores de primeira viagem é achar que todo dinheiro que entra na empresa pertence a seu dono. Na verdade, o dinheiro que sobra depois de pagar todas as obrigações é que pertence ao proprietário ou aos sócios.

Questões para revisão

1. Quais são os relatórios contábeis e os relatórios financeiros mais importantes?
2. Qual é a diferença entre regime de caixa e regime de competência?
3. Para alavancar seu negócio, Tadeu emprestou R$ 2.500,00 de seu pai e combinou de pagar o valor integral mais o juros simples depois de 6 meses, sendo que a taxa de juros combinada foi de 1% ao mês. Qual será o valor dos juros simples devidos por Tadeu no final do período?
   a) Nada, porque o pai de Tadeu não vai querer receber o valor emprestado ao filho.
   b) O valor dos juros simples é de R$ 150,00.
   c) O valor dos juros simples é de R$ 40,00.
   d) O valor dos juros simples é de R$ 2.650,00.
   e) O valor dos juros simples é de R$ 2.350,00.

4. Observe seguinte tabela de fluxo de caixa.

Sherlok Investigações Particulares Demonstração dos fluxos de caixa de Agosto de 2019	
Conta	Agosto
Saldo anterior	R$ 1.000,00
Vendas	R$ 12.500,00
Compras	R$ (12.400,00)
Subtotal	R$ **1.100,00**
Salários	R$ (7.500,00)
Propaganda	R$ (6.500,00)
Aluguel	R$ (3.000,00)
Combustível	R$ (2.250,00)
Despesas administrativas	R$ (1.000,00)
Saldo	R$ **(20.118,00)**
Depositar/Resgatar	R$ 21.118,00
Caixa mínimo	R$ 1.000,00

A empresa está operando com:
a) Lucro de R$ 20.118,00.
b) Prejuízo de R$ 1.100,00.
c) Saldo negativo de R$ 20.118,00, em agosto de 2019.
d) Despesas no valor de R$ 21.118,00.
e) Nenhuma das alternativas anteriores.

5. A demonstração do resultado do exercício (DRE) serve para:
    a) Acompanhar o fluxo de caixa da empresa no mês.
    b) Mostrar como se formou o lucro ou o prejuízo no período estudado.
    c) Demonstrar o investimento dos sócios na empresa.
    d) Ajudar no acompanhamento diário das finanças da organização.
    e) Indicar os gastos da empresa.

Questão para reflexão

1. Pesquise as planilhas de balanço patrimonial, demonstrativo do resultado do exercício (DRE) e fluxo de caixa da uma empresa (pode ser a sua ou a de algum conhecido) e verifique se os dados são apresentados conforme observamos neste capítulo.

Para saber mais

LEMES JUNIOR, A. B.; CHEROBIM, A. P.; RIGO, C. M. **Administração financeira**: princípios, fundamentos e práticas brasileiras. Rio de Janeiro: Campus, 2002.

PADOVEZE, C. L. **Contabilidade gerencial**: um enfoque em sistema de informação contábil. 3. ed. São Paulo: Atlas, 2000.

VIEIRA SOBRINHO, J. D. **Matemática financeira**. 4. ed. São Paulo: Atlas, 1994.

Para saber mais a respeito dos temas tratados neste capítulo, sugerimos a leitura desses livros.

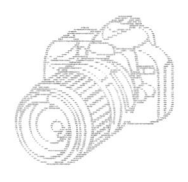

6

MARKETING

Conteúdos do capítulo:
— Os princípios do marketing.
— Segmentação de mercado e clientes.
— Satisfação e fidelização dos clientes.

Após o estudo deste capítulo, você será capaz de:
1. compreender a importância do marketing para o negócio;
2. identificar as necessidades do cliente e definir como atendê-las;
3. saber como encontrar e tratar esse cliente.

De nada adianta ser bom em alguma coisa se ninguém souber disso. A importância do marketing para o empreendimento é vital, pois é por meio dele que os clientes chegarão até a empresa.

Neste capítulo, apresentaremos a evolução histórica do marketing, além de explicar os principais termos e conceitos que envolvem essa área.

6.1 O marketing no contexto histórico

Conhecer o cliente e entender suas necessidades é fundamental para o sucesso do negócio, seja ele qual for: venda de produtos ou prestação de serviços. Somente dessa forma conseguimos atender às expectativas e satisfazer os clientes. Para Kotler (2012, p. 32), "a missão de qualquer negócio é fornecer valor ao cliente, sem abrir mão do lucro".

Essa é uma das áreas de estudo da administração, que tem a finalidade de entender o mercado e os clientes. Nos anos 1950, a economia brasileira acelerou de uma forma muito rápida na gestão de Juscelino Kubitschek e com a popularização da televisão no país. Nessa época, o marketing era primitivo, a economia era baseada na agricultura e a concorrência quase não existia nas grandes cidades (Brasil, 2019).

Foi nesse momento que grandes marcas se consolidaram no país e estão presentes até hoje no dia a dia dos consumidores, Propagandas que ficaram na memória dos brasileiros, como as dos produtos Bombril e Maisena – que ficaram conhecidos com o nome de suas marcas – são exemplos disso.

Foi em 1954 que se iniciaram os estudos para adaptar o marketing norte-americano para o mercado brasileiro, na Escola de Administração de São Paulo da Fundação Getulio Vargas (FGV-Eaesp).

Com a queda da economia nos anos 1960, devido ao golpe militar, a aplicação do marketing nas empresas foi freada e retomou somente depois de 1970, com a ampliação da linha viária. Grandes empresas tiveram a possibilidade de multiplicar suas lojas, uma vez que a logística ficou mais facilitada. Nesse momento o marketing foi fundamental para a divulgação das marcas e das empresas que estavam crescendo.

O marketing de relacionamento passou a ser mais intensivo nas empresas, pois elas precisavam se fazer lembrar entre os consumidores. E as estratégias de marketing passaram a ser aplicadas nas organizações com o objetivo de manter e ampliar suas redes de clientes.

Entre altos e baixos da economia brasileira, o marketing caminhou junto com ela, ora mais intensivo, ora menos atuante. Com a entrada dos computadores e da internet, o marketing teve de se adaptar e ser flexível a um novo jeito de comunicação.

6.2 Marketing e vendas

O marketing tem como sua principal finalidade atrair novos clientes com a promessa de atender a uma necessidade. Para Kotler e Armstrong (2008), o produto não é apenas o bem tangível, mas tudo aquilo que satisfaça o cliente, seja bens físicos, serviços, pessoas, locais, organizações e ideias. Ou como, tudo que é o ofertado pelo mercado para a satisfação da necessidade ou do desejo do cliente.

Ao consideramos a visão do conceito do marketing dentro das organizações, verificamos que, em essência, ela deve se estender por praticamente toda a empresa, principalmente para aquelas áreas diretamente relacionadas ao mercado. Nesse sentido, Richers (2000), uma das maiores autoridades no assunto no Brasil, define a função do marketing como sendo simplesmente a intenção de entender e o mercado atender lhe.

Pensando-se dessa forma, todas as atividades relacionadas com a busca da satisfação de clientes – que são a principal razão para os as empresas existirem, sejam eles internos, sejam externos – têm uma relação direta com executivos de marketing das organizações, dentro das quais essa atividade passa a ser muito mais do que vendas e promoções: trata-se de uma filosofia.

Em resumo, o marketing é uma via de duas mãos, entre mercado e empresas, em que estas buscam naquele informações sobre os desejos e as carências dos clientes para, então, oferecer-lhes produtos e serviços de acordo com suas necessidades, tendo como retorno o lucro e a satisfação dos consumidores.

6.3 Necessidades e comportamento do consumidor

O marketing tem o objetivo de descobrir, suprir e superar os desejos e as necessidades dos clientes. É importante diferenciar esses conceitos: enquanto a **necessidade** é um estado de privação de alguma satisfação básica, o **desejo** é algo que as pessoas buscam saciar, embora o objeto de desejo não atenda a uma necessidade básica.

Uma necessidade é uma condição insatisfatória para o consumidor, que o leva a realizar uma ação para tornar melhor sua situação. Um desejo é uma vontade de obter mais satisfação do que apenas o necessário para melhorar uma condição insatisfatória (Sheth; Mittal; Newman, 2001).

Cada indivíduo é um universo psicológico exclusivo e, ao mesmo tempo, influenciado por outros indivíduos. Isso se deve à multiplicidade de opções nas relações humanas e ao fato de cada um ter experiências físicas e sensitivas únicas.

Para a gestão do marketing na atualidade, é necessário o levantamento das necessidades e dos desejos das pessoas. Um dos modelos mais difundidos é a pirâmide de Maslow, como já vimos no Capítulo 1, a qual hierarquiza as necessidades dos seres humanos em cinco categorias. São elas:

1. Necessidades fisiológicas.
2. Necessidades de segurança.
3. Necessidades sociais.
4. Necessidades de estima.
5. Necessidades de autorrealização.

A pirâmide de Maslow, ou a hierarquia das necessidades de Maslow, é um conceito que setoriza as condições necessárias para que cada ser humano atinja a sua satisfação pessoal e profissional (Maslow, 1987).

De acordo com o conceito de Maslow (1987), as pessoas vivem para satisfazer às suas necessidades, com o objetivo de conquistar a sonhada autorrealização plena. O esquema descrito na pirâmide de Maslow trata justamente da hierarquização dessas necessidades ao longo da vida do ser humano.

6.4 Mix de Marketing

Outro conceito importante é o *mix* de marketing ou *composto de marketing*, conhecido também como *4 Ps* (produto, preço, praça e promoção). Esse é o conjunto de ferramentas de marketing que a empresa utiliza para perseguir seus objetivos de marketing no mercado-alvo.

Traduzidos do inglês, os 4 Ps são definidos como:

1. **Produto** (*product*) – É aquilo desejado pelo cliente, dentro das suas expectativas e que satisfaçam às suas necessidades.
2. **Preço** (*price*) – Deve ser justo, nem muito elevado, nem muito baixo, a ponto de levar o cliente a pensar que há algo errado com o produto.
3. **Praça** (*place*) ou **distribuição** – O produto desejado, com um preço justo, deve estar acessível ao cliente, isto é, ser posicionado em um local em que ele possa comprá-lo no momento em que desejar.

4. **Promoção** (*promotion*) – Há um provérbio popular que diz que "a propaganda é a alma do negócio", e realmente ele tem fundamento: se o produto não for divulgado aos clientes, eles não poderão adquiri-lo.

Segundo Kotler (2003), o modelo dos 4 Ps tem alguns questionamentos. Algumas empresas quiseram incluir um quinto P, *packaging* (embalagem), mas foi argumentado que esse item já estava dentro de produto. Outro ponto que foi questionado é a inclusão de políticas e relações públicas, pois elas também influenciam a capacidade de venda das empresas. E ainda se discute que os 4 Ps representam apenas as influências do vendedor, e não do cliente.

Então Lauterborn (1990) sugeriu que os vendedores deveriam primeiramente trabalhar com 4 Cs para, depois, partirem para os 4Ps. Os 4Cs são: (1) *customer value* (valor para o cliente), (2) *customer costs* (custos para o cliente), (3) *convenience* (conveniência) e (4) *communication* (comunicação). Segundo Lauterborn (1990), quando os profissionais raciocinam sobre os 4 Cs, fica mais fácil definir os 4 Ps.

Para que o marketing funcione, é preciso gerenciar o *mix* de marketing de maneira integrada. No entanto, em muitas empresas, cada item desses está sob responsabilidade de uma área distinta.

6.5 Marketing de serviços

Um trabalho realizado com a utilização de mão de obra física ou intelectual é denominado *prestação de serviços*. O setor de prestação de serviços é o de maior representatividade na economia. Segundo dados do Instituto Brasileiro de Geografia e Estatística (IBGE), no primeiro trimestre de 2019, a prestação de serviço respondeu sozinho por 73% do Produto Interno Bruto (PIB) do Brasil e é o setor que mais gera empregos no país (IBGE, 2019).

A prestação de serviços está presente em vários setores na sociedade, sejam governamentais, como hospitais, polícia e corpo de bombeiros – sejam privados, sejam do terceiro setor, como as organizações sem fins lucrativos. O serviço de investigação particular se enquadra nesse perfil.

Para Kotler (2012), *serviço* e como qualquer ato ou desempenho, essencialmente intangível, que uma parte pode oferecer a outra e que não resulta em prioridade. A execução de um serviço pode estar ligada ou não a um bem concreto. Muitas prestadoras de serviços de investigação profissional usam a internet para chegar aos clientes, e algumas são inteiramente virtuais.

Kotler (2012) também segmenta o componente *serviços* em cinco categorias, sendo elas:

1. Bens puramente tangíveis.
2. Bens tangíveis associados a serviços.
3. Híbridos.
4. Serviço principal associado a bens ou a serviços secundários.
5. Serviço puro.

A prestação de serviços pode estar baseada em um equipamento – por exemplo, um lava rápido de automóveis – ou, então, baseada em pessoas – como um serviço de contabilidade ou de investigação profissional.

Quando se trata puramente da prestação de serviços, a qualidade técnica é o principal fator, e a avaliação dessa qualidade pelos clientes é muito subjetiva. Então, para o prestador de serviços, a indicação boca a boca é a principal forma de propaganda. Porém, essa indicação pode ser positiva ou negativa. Antigamente dizia-se que um cliente descontente falava da sua insatisfação para dez pessoas; hoje em dia, com a agilidade da internet, é imensurável a quantidade de pessoas que podem ser impactadas por um comentário negativo. É por isso que o bom atendimento é tão importante no processo com o cliente.

6.5.1 Marketing *mix* para o setor de serviços

O marketing de serviços é, antes de tudo, marketing. Assim, vale para a empresa de serviços o mesmo que vale para as demais no que se refere à administração de marketing e ao composto de marketing.

Portanto, a teoria do *mix* de marketing é a mesma, apenas procuramos inseri-la em um contexto profundamente dinâmico e crítico, como o de serviços, para que possamos enfatizar as particularidades desse setor.

Produto

Qual é o produto de um serviço?

Na verdade, produtos e serviços têm a mesma finalidade, isto é, satisfazer ao desejo ou à necessidade dos consumidores, gerando neles contentamento e valor. No caso de serviços, são as experiências que geram valores, podendo ser maiores ou menores do que um componente tangível.

A maioria dos serviços é uma combinação de processos e pessoas: se aqueles não estão bem definidos e estas não são adequadas, existe um defeito de fabricação, e a qualidade do serviço fica comprometida.

Preço

São inúmeras as diferenças de percepção do preço de produtos e serviços. Nestes, existe uma carga maior nos custos fixos e, para o cliente, esses valores são invisíveis. Porém, a principal diferença entre produtos e serviços é a capacidade de comparação. Preços de produtos são mais comparáveis do que os de serviços. Como consequência, a margem de lucro é maior nos serviços, enquanto os produtos, por serem facilmente comparáveis, tendem a ter margens menores.

Outro ponto importante é que, independentemente do preço, o serviço precisa ter uma qualidade mínima aceitável pelo cliente.

Mesmo que este considere o valor daquele barato, se a qualidade prestada não atender ao mínimo da sua expectativa, o cliente avaliará o serviço como caro e não o indicará para outras pessoas.

Praça ou distribuição

Distribuir serviços significa disponibilizá-los no momento em que o cliente precisa deles. Serviços não podem ser estocados e não são fáceis de ser reproduzidos.

Uma nova forma de distribuir serviços são os canais eletrônicos, como *call centers* e internet. Os bancos, por exemplo, têm investido muito nesses canais, agregando valor aos serviços pelo aumento de sua disponibilidade.

Promoção

A propaganda e as comunicações de divulgação dos serviços costumam ser pessoais e interativas. A recomendação boca a boca é avaliada como a forma mais confiável de indicação. Ela pode ser positiva ou negativa e é muito valiosa para a empresa.

Se o serviço for adequado, deverá ser incentivado a ser divulgado, como pedir para um cliente satisfeito indicar uma ou duas pessoas pode ajudar na formação da carteira de clientes da empresa. Por isso, a comunicação da organização deve prometer exatamente o que vai entregar, caso contrário, irá inflacionar a expectativa do cliente com uma obrigação difícil de realizar e não atenderá à sua satisfação.

6.6 Marketing digital

O **marketing digital** é o conjunto de estratégias focadas na promoção de um produto ou de um serviço na internet. Difere-se do marketing tradicional por envolver o uso diferentes canais virtuais e métodos que permitem a análise dos resultados *on-line*.

Para Kotler (2012), a internet oferece novas possibilidades para conduzir os negócios com mais eficiência, pois está à disposição 24 horas por dia e 7 dias por semana. O relacionamento com fornecedores, clientes e parceiros é mais ágil e os custos de propaganda são diferenciados. É possível também personalizar ofertas de acordo com o público-alvo.

As empresas necessitam de um *site* que reflita sua organização e a realidade dos serviços e dos produtos oferecidos, com um espaço para contatos ou compras *on-line*. Também precisa responder às demandas e às oportunidades de venda que a internet oferece com rapidez e eficiência, lembrando sempre que o cliente está procurando por um serviço ou produto específico, não necessariamente pela marca. Ou seja, ao mesmo tempo que ele manda uma mensagem para empresa, está enviando para outras também, e a primeira a responder que atende à necessidade levará o cliente.

A presença da marca no ambiente *on-line* não é apenas uma porta de saída de produtos e serviços, mas uma porta de entrada de novos clientes e também uma rede de relacionamentos. Uma vez que uma reclamação contra uma empresa é registrada, a queixa permanece na rede por tempo indeterminado. Por isso, para ter presença na internet, é necessário um cuidado redobrado com vários aspectos como cliente, comunicação, atendimento e registros históricos.

Basicamente, nenhuma empresa que tem como objetivo o crescimento contínuo pode ficar fora do ambiente virtual e das redes sociais, pois elas são ferramentas ativas em que clientes e não clientes participam de forma contínua. As empresas têm tirado bons resultados de vendas e lucros por meio dessas ferramentas.

6.7 Conhecendo o cliente

Contar com processos bem definidos e estabelecer de forma clara os papéis de cada colaborador são ações importantes para a empresa. Contudo, para ter sucesso, é fundamental que ela saiba exatamente qual é a necessidade de seu público-alvo e conheça os tipos de cliente aos quais pode atender.

Cabe, agora, definir o conceito de *cliente* como sendo o destinatário de um produto – e entendendo *produto* como o resultado de um conjunto de atividades que transformam algo em um bem final. O produto pode ser tangível (mercadoria) ou intangível (serviços). Assim, entendemos como cliente final de uma agência de investigação, por exemplo, o contratante do serviço desejado.

Figura 6.1 – Fluxo insumos-clientes

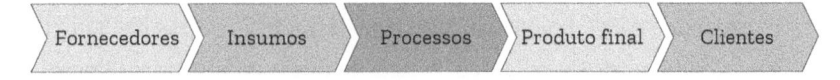

Fornecedores > Insumos > Processos > Produto final > Clientes

Dentro desse processo, existem clientes finais e intermediários. Ou seja, nem toda produção está destinada a um cliente final. Usando ainda a agência de investigação como exemplo, ela necessita de ferramentas para fazer o processo de investigação, seja um *notebook*, um celular ou uma máquina fotográfica. Como ela não produz esses itens, precisa adquiri-los no comércio. Isso significa que a agência de investigação, ao mesmo tempo que presta serviço para um cliente final, é também um cliente intermediário de outros setores.

Figura 6.2 – Fluxo clientes intermediários

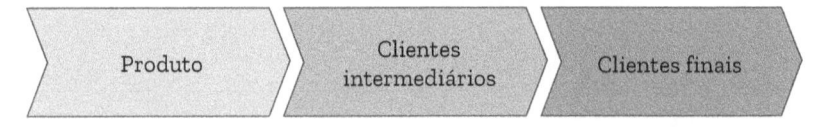

Produto > Clientes intermediários > Clientes finais

Os clientes intermediários são aqueles que adquirem um produto que precisa ou não de uma transformação para então revendê-lo para outro cliente. No caso da investigação profissional, esse tipo de cliente é mais raro, mas pode acontecer de uma terceira pessoa solicitar o serviço de investigação profissional. Já o cliente final é o consumidor do produto. Pode ser uma pessoa ou um grupo de pessoas, uma empresa, uma Organização da Sociedade Civil (OSC) ou qualquer esfera do governo.

Os clientes podem ser ainda individuais ou coletivos. Um cliente individual é aquele cuja necessidade pode ser identificada e atendida individualmente, e sua satisfação é mais fácil de atender, uma vez que depende apenas de uma pessoa. Por sua vez, clientes coletivos são aqueles cujas necessidades dizem respeito a coletividade – por exemplo, um condomínio ou até serviços públicos, como segurança pública.

Outros dois tipos de clientes são os externos e os internos. Os primeiros são os destinatários dos produtos. Já os segundos são os destinatários dos processos e dos subprocessos da empresa, ou seja, os colaboradores. Eles precisam ser identificados e bem recrutados, pois são a imagem da organização e também têm necessidades e desejos que precisam ser atendidos. De acordo com Albrecht (1994), os departamentos de serviços internos muitas vezes têm papéis e relações mais complicados do que aqueles que trabalham diretamente com o cliente pagante. Caso você não tenha certeza sobre quem é o cliente de uma empresa, existe um teste simples que pode ser feito para descobrir. Simplesmente deve-se parar de fazer o que estiver sendo feito e observar quem vai reclamar. Esse será o cliente. Caso ninguém reclame, o melhor a fazer é revisar o trabalho.

6.8 Segmentação de mercado e identificação do cliente

Com o aumento das ofertas dos concorrentes e a variedade de canais de distribuição e comunicação, passou a ser necessário segmentar o mercado. Cada tipo de cliente tem uma necessidade e um perfil diferente de consumo. Para isso, é importante fazer uma pesquisa de marketing para produzir informações que agrupem os diferentes tipos de clientes por suas preferências e suas características.

Nesse sentido, segundo Churchill Jr. e Peter (2000, p. 204), "segmentação de mercado é o processo de dividir um mercado em grupos de compradores potenciais com necessidades, desejos, percepções de valores ou comportamentos de compras semelhantes".

A atividade do marketing não cria segmentos, apenas os identifica. Resumidamente, algumas perguntas que podem ser feitas são:

- A quem a empresa quer atender?
- O que esse cliente quer da minha empresa?
- Por que ele quer o que quer?

Os segmentos não são fixos e podem mudar ou até deixar de existir. Dessa forma, a pesquisa de marketing deve ser feita periodicamente e a empresa deve usar todas as informações e todos os meios já existentes para encontrar novas oportunidades e ameaças de mercado.

Kotler e Keller (2012) expõem a abordagem de Best (2000) para análise dos segmentos de mercado, conforme mostra o Quadro 6.1.

Quadro 6.1 – Pesquisas de marketing

Etapa	Descrição da atividade
1) Segmentação baseada nas necessidades	Agrupe os clientes em segmentos, com base em necessidades semelhantes e nos benefícios por eles buscados para resolver um determinado problema de consumo.
2) Identificação do segmento	Determine quais características demográficas, estilos de vida e comportamentos de uso tornam o segmento distinto e acionável.

(continua)

(Quadro 6.1 – conclusão)

Etapa	Descrição da atividade
3) Atratividade do segmento	Usando critérios predeterminados de atratividade de segmento (como crescimento de mercado, intensidade competitiva e acesso ao mercado), determine a atratividade de cada segmento.
4) Rentabilidade do segmento	Determine a rentabilidade de cada segmento (análise de demanda, custos e preços).
5) Posicionamento do segmento	Para cada segmento, crie uma proposta de valor e uma estratégia de posicionamento com base nas necessidades e nas características singulares dos clientes referentes a ele.
6) Teste crítico de segmento	Faça pesquisas de marketing para testar a atratividade da estratégia de posicionamento no segmento.
7) Estratégia de *mix* de marketing	Expanda a estratégia de posicionamento do segmento, a fim de incluir todos os aspectos do *mix* de marketing.

Fonte: Kotler e Keller, 2012, p. 246.

Outra forma de segmentar é fazer a análise baseada nas informações de comportamento dos consumidores. Kotler e Keller (2012) descrevem essa análise em cinco grupos de variáveis, como mostra o Quadro 6.2.

Quadro 6.2 – Grupos variáveis

Variáveis	Operacionalização
1) Geográfica	Blocos econômicos, continentes, países, regiões, estados, cidades, bairros, quadras.
2) Demográfica	Idade, ciclo de vida, tamanho da família, sexo, renda, ocupação, grau de instrução, raça, geração, nacionalidade, classe social.
3) Psicográfica	Estilo de vida, personalidade, valores, opiniões, envolvimento com o produto.
4) Comportamental	Nível de uso, ocasiões de uso, *status* de fidelidade.
5) Benefícios procurados	Economia de tempo ou dinheiro, serviços agregados, funcionalidade, segurança.

Fonte: Kotler e Keller, 2012, p. 228-242.

A principal vantagem da segmentação de mercado é a possibilidade de quebrar a cultura de que tudo é feito para todos, e assim poder elaborar ofertas e produtos de acordo com as características de cada grupo de clientes.

Segmentar mercados é lucrativo, mas poucas empresas sabem fazê-lo. Ainda há dificuldade no uso das tecnologias, falhas ao compilar as informações, insucesso em identificar o quanto o cliente aceita pagar a mais por um serviço sob medida e falta de treinamento dos colaboradores para lidar com tipos diferentes de clientes, entre outros problemas.

Outra ferramenta que pode direcionar a busca dos mercados-alvo é conhecida como **5W2H**. Como vimos no Capítulo 2, essa sigla, representa as sete primeiras letras (em inglês) de questionamentos que devem ser respondidos para complementar a análise da segmentação de mercado:

Figura 6.3 – 5W2H

5 W	2H
What (o que será feito?) Why (por que será feito?) Where (onde será feito?) When (quando?) Who (por quem será feito?)	How (como será feito?) How much (quanto vai custar?)

Em resumo, nos mercados muito competitivos, a estratégia de segmentação é utilizada com o objetivo de satisfazer aos desejos e às necessidades dos clientes. Para isso, pesquisas de marketing devem ser elaboradas para identificar grupos de clientes com necessidades e desejos não conhecidos ou parcialmente satisfeitos, dando oportunidade às empresas para atender a esses consumidores com produtos e serviços personalizados e diferenciados, garantindo os lucros e a satisfação de seu público-alvo.

6.9 Variação de preços

A definição do preço de venda é uma das tarefas mais importantes e difíceis do administrador. Um preço mal elaborado pode passar a sensação ao cliente de que o produto ou o serviço está barato ou caro demais, além de deixá-lo em dúvida sobre a qualidade do objeto vendido. Com isso, toda estratégia de marketing é jogada fora.

Quando a empresa vai oferecer um produto ou um serviço, deve saber que ele será utilizado para atender a uma necessidade ou a um desejo do cliente. É importante ter isso em mente na hora de definir o preço do produto, pois quem determina esse valor é o cliente.

O cliente gera um valor percebido do produto e é isso que a empresa precisa considerar na formação de preços. Ou seja, é preciso saber exatamente quanto o cliente está disposto a pagar de acordo com o valor percebido por ele. Algumas empresas fazem testes de elasticidade de preços para saber quais serão os preços mínimo e máximo que ela pode aplicar no mercado, medindo o resultado das suas vendas. Certamente, um produto exclusivo, diferenciado, poderá ter um preço com uma margem de lucro maior do que uma *commodity* (mercadorias de baixo valor agregado – frutas, cereais, legumes e alguns metais, por exemplo).

A lei da oferta e demanda considera a variação de preço quando a oferta ou a demanda varia. Se o produto for de muita utilidade para, mesmo que tenha um preço relativamente alto, ela pode considerá-lo barato, pois vê grande valor no uso desse produto, e o contrário também é valido. Nos períodos em que a oferta de um bem ou serviço é maior que a procura, seu preço tende a cair. Já em períodos nos quais a demanda é maior do que a oferta, a tendência é o preço aumentar.

Esse modelo descreve como os preços variam de acordo com a oferta e a procura. Além disso, a variação de preços também acontece com pequenas empresas. Um mercado de bairro cobrará preços maiores do que uma rede de supermercados, compensando o valor com qualidade e relacionamento com o cliente.

Muitas empresas reduzem os preços para aumentar suas vendas, sem que haja uma criteriosa analise dessa prática. Vendedores concedem descontos visando apenas ao atingimento de suas metas, sem que haja preocupação com o resultado que a venda está proporcionando para a organização. Nesse aspecto, pequenos percentuais de descontos podem proporcionar prejuízos para a empresa no resultado final. A má administração de preços pode gerar grandes consequências para o negócio. O administrador precisa estar atento também à política de preços dos seus concorrentes.

Antes de tomar a decisão de conceder descontos, o administrador precisa saber que uma redução de preço aumentará a procura pelo seu produto. Algumas estratégias comerciais devem ser seguidas para melhorar os resultados. Podemos citar os seguintes exemplos:

- Compensar os descontos concedidos em certos produtos com a diminuição de descontos de outros, ou até mesmo aumento de preços de outros produtos sem que se perca o volume de vendas.
- Remunerar os vendedores não só pelo volume de vendas mas também pela margem real que proporcionam.
- Fazer com que a equipe venda o *mix* de produtos que compõe o resultado final satisfatório.
- Criar produtos agregados com alta margem de lucro, acessórios ou artigos complementares.

Dentro dos itens avaliados no *mix* de marketing, o preço é o único fator que gera receita, pois os demais geram apenas custos. Contudo, as decisões sobre a formação de preços se tornaram mais desafiadoras em um cenário econômico e tecnológico em constante transformação.

Para Kotler (2012), ao estabelecer a política de preços, as empresas seguem um procedimento em seis etapas:

1. primeiramente, selecionam seu objetivo na determinação de preço;
2. depois, estimam a curva de demanda ou a venda provável;
3. estimam também como seus custos variam em diferentes níveis de produção;
4. em seguida, examinam os custos, os preços e as ofertas da concorrência;
5. com esses dados, selecionam um método de determinação de preços;
6. por fim, determinam o preço final.

De modo geral, as empresas não aplicam um preço único, mas uma estrutura de preços que reflete as variações de segmentação e de personalização dos produtos e dos serviços.

6.10 Comunicação

Depois de conhecer bem seu produto e identificar o cliente, o segmento de mercado, o preço e a distribuição que irá adotar, é necessário que a empresa defina como será sua **comunicação** com o cliente. Existem sete principais canais de contato, e é necessário avaliar qual deles mais se adéqua ao perfil do público-alvo:

1. **Propaganda** – Alcança consumidores dispersos geograficamente. Abrange televisão, rádio, internet, *outdoor*, jornais, revistas, cinema e há ainda o meio digital, como o *e-mail marketing*, o *mobile marketing*, as mídias sociais, o marketing de busca e os *displays*. É preciso controlar a penetração, a expressividade e os resultados desse tipo de ação.
2. **Promoções de venda** – São concursos, cupons e premiações que procuram atrair uma resposta rápida e intensa dos clientes, pois chamam a atenção e oferecem ao público uma nova experiência.
3. **Relações públicas e publicidade** – Representam meios de alta credibilidade e atingem consumidores mais desconfiados,

pois são transmitidos por meio de pessoas ligadas indiretamente às empresas.
4. **Eventos** – Geram novas experiências e atingem o público de forma mais certeira. Trata-se de vendas não agressivas, pois envolvem o cliente de uma forma mais natural.
5. **Marketing direto ou interativo** – Assume diversas formas, como telemarketing, internet ou contato pessoal. Torna a comunicação mais personalizada e oferece uma maior interação com o cliente.
6. **Comunicação boca a boca** – Pode ser *on-line* ou *off-line* e é muito influente, pessoal e oportuna.
7. **Vendas pessoais** – São as mais eficazes, pois oferecem interação, relacionamento e respostas rápidas.

Ao decidir sobre o mix de comunicação de marketing, os profissionais precisam examinar as vantagens e os custos específicos de cada ferramenta e a classificação da empresa no mercado. Para isso, devem medir a eficácia da comunicação adotada, perguntando aos clientes quanta vezes viram determinada propaganda, o que mais chamou a sua atenção e como se sentem em relação a ela e à empresa.

6.11 Satisfação do cliente

As empresas procuram novos clientes o tempo todo. Porém, segundo Kotler (1998), essa busca custa de cinco a sete vezes mais caro do que manter os clientes atuais. Por isso, muitas empresas têm investido muito tempo e dinheiro para fidelizar seus clientes por meio de produtos, preços e satisfação.

Satisfazer os clientes e torná-los fiéis à marca é um desafio encontrado por muitas empresas. Para fidelizá-los, muitas estratégias são utilizadas e, com um planejamento específico, é possível atingir esse objetivo.

Satisfação é o "ato ou efeito de satisfazer(-se) [...] contentamento pela realização do que se esperava ou desejava [...] compensação, indenização, recompensa" (IAH, 2019). Gerar esse sentimento no momento da compra é o que torna os clientes fiéis à marca ou à empresa.

Desde o início do século XXI, tecnologias e vantagens competitivas que eram diferenciais para determinar a razão de compra dos clientes estão sendo compartilhadas com muito mais facilidade e agilidade, em razão da internacionalização dos mercados. Com isso, proporcionar satisfação no momento da compra tem demonstrado ser a melhor forma de fidelizar o cliente. Essa satisfação deve vir tanto do produto ou do serviço quanto do atendimento e do pós-venda.

Segundo Detzel e Desatnick (1995), manter o cliente – assegurar a sua satisfação – é um grande negócio, não importa o tamanho da empresa. Por isso, elas têm investido tempo e dinheiro para gerar esse sentimento e reter seu público. Aquelas que conseguem atingir um nível alto de fidelização têm a satisfação como um princípio, que se revela em maior grau quando a presidência se preocupa com o bem-estar de seus funcionários, com a qualidade de seus produtos, com o bom funcionamento do seu serviço de pós-vendas e, principalmente, com a atenção dada aos seus clientes.

Detzel e Desatnick (1995) também apontam a importância de tratar bem os funcionários, pois são eles que cuidarão dos clientes. Um funcionário insatisfeito não conseguirá deixar o cliente satisfeito. Isso começa na contratação do perfil certo, no treinamento, na orientação e no reconhecimento do colaborador.

Os autores destacam ainda que a satisfação do cliente é o grau de felicidade experimentada por ele (Detzel; Desatnick,1995). Ela é produzida por toda a empresa – por todos os departamentos, todas as funções e todas as pessoas. Entre os clientes, incluem-se compradores externos de bens e serviços, fornecedores, comunidade local, funcionários, gerentes e supervisores (e acionistas, se a organização for de capital aberto). Um bom exemplo de empresa que segue esse conceito é a Disney, pois todos os seus funcionários são parte do elenco e fazem de tudo para encantar os clientes o tempo todo (Stein, 2002).

A satisfação dos clientes aliada ao bom atendimento que a empresa lhes dá são os aspectos que os fazem retornar. Por isso, eles devem ser os maiores motivos da empresa, pois, quando satisfeitos, tornam-se mais do que simples consumidores e passam a ser parceiros comerciais e advogados que defendem a organização e fazem propaganda dela para amigos e familiares.

Já na visão de Kotler (1998), um consumidor fica satisfeito quando os produtos, os serviços e o atendimento oferecidos a eles ultrapassam as suas expectativas. Assim, o autor define que satisfação é "o sentimento de prazer ou de desapontamento resultante da comparação do desempenho esperado pelo produto (ou resultado) em relação às expectativas da pessoa" (Kotler, 1998, p. 53).

Brambilla, Pereira e Pereira (2010) resslatam a necessidade de se conhecer as demandas e as respostas dos clientes perante os produtos e os serviços oferecidos. Tais pressupostos são essenciais para que seja viável o desenvolvimento de relacionamentos mais sólidos e duradouros.

Para Prushan (1999), o maior desafio não é atender bem aos clientes, mas compreendê-los, colocar-se em seus lugares. Oliver (1997) explica que a satisfação é uma parte do processo de consumo que resulta de uma avaliação emocional e cognitiva. Para esse autor, os processos psicológicos influenciam diretamente o julgamento da satisfação e são essenciais para compreensão de como ela ocorre, com base na dissonância cognitiva. Esta, por sua vez, consiste em manifestações de medo e de ansiedade que o consumidor pode experimentar no momento da compra e durante o uso do produto.

Kotler (2012) afirma que a fidelização está diretamente ligada ao índice de retenção dos clientes. Medir a satisfação dos consumidores com regularidade é o segredo para retê-los. As empresas também precisam monitorar os índices de seus concorrentes, questionando as pessoas que mudaram de marca para descobrir o porquê de elas fazerem essa escolha.

Quando o cliente se sente satisfeito no seu nível mais alto, o que resulta em maior fidelidade, a organização passa a perceber os benefícios desse sentimento.

Lovelock e Wright (2006) destacam os principais benefícios:

- Os clientes satisfeitos são menos suscetíveis às ofertas da concorrência.
- As empresas, ao investirem na satisfação dos clientes, conseguem retê-los e, por conseguinte, mantêm sua participação no mercado e nos lucros.
- Os clientes de longo prazo são mais condescendentes com os erros da empresa, pois uma situação ocasionalmente ruim é compensada por uma experiência prévia positiva.
- Existem processos contínuos de relacionamento e de fidelização para a fixação de clientes.
- Clientes altamente satisfeitos disseminam informações positivas, o que reduz o custo da empresa para atrair novos consumidores.

As empresas precisam mais do que clientes satisfeitos: precisam que eles sejam fiéis, que vibrem com o sucesso da marca ou da organização. Ou, ainda mais: precisam de clientes leais, que estejam com ela nos picos e nos vales do mercado, por confiarem na marca e não a substituírem. Há, porém, uma diferença entre *clientes satisfeitos*, *clientes fiéis* e *clientes leais*.

Clientes fiéis tendem a comprar mais com descontos menores, reclamam quando há alguma experiência ruim e continuam com a marca. Segundo Kotler (1998), 95% dos clientes insatisfeitos não reclamam, apenas deixam de comprar.

Para Freitas (2001), se uma empresa melhorar a fidelização em 5%, poderá aumentar seus resultados em 25% e, em alguns casos, atingir até 75%. Para Bogmann (2000), *fidelizar* é transformar um comprador eventual em um comprador frequente, é fazer com que ele compre cada vez mais e até divulgue a empresa.

De acordo com Romano (1997), a maioria das empresas tem adotado uma estratégia errada de fidelização, baseada apenas na satisfação dos clientes. A primeira medida para manter os compradores por longo prazo é atender aos diferentes de forma diferente. Outras medidas eficazes são a diferenciação de produtos e serviços em relação aos concorrentes, o aumento do tempo despendido com os clientes e o estabelecimento de canais de comunicação efetivos.

Ou seja, mesmo que os clientes, por meio de pesquisas, retratem-se como satisfeitos, uma oferta melhor do concorrente fará com que eles mudem de marca. Estima-se que entre 65% a 85% dos clientes que mudaram de fornecedor chegaram a afirmar estarem satisfeitos com a anterior (Romano, 1997).

Buscar essa lealdade é o maior desafio das empresas. Para Gonçalves (1997), a satisfação pode ser obtida em uma única transação, mas a fidelidade só se conquista a longo prazo. Nada garante que um cliente satisfeito recusará as ofertas da concorrência, mas um cliente fiel pensará duas vezes antes de fazê-lo.

Para Kotler (1998), lealdade é a mensuração percentual do volume de compras que os clientes fazem de uma empresa em relação ao total comprado em todas as organizações que vendem o mesmo produto ou serviço. Lealdade seria, portanto, a repetição de compra de um produto ou serviço. Ou seja, ela é um estado emocional, momentâneo, resultado de uma experiência atual. Para fidelizar o cliente, a empresa precisa superar suas expectativas e então, começar o processo de torná-lo leal à marca. Isso leva tempo. Dessa forma, a fidelidade e, posteriormente, a lealdade são estados psicológicos de confiança, causados por experiências anteriores.

Kotler (2003) exemplifica o comportamento de alguns clientes que são extremamente fiéis a uma marca com o que ocorre com a Harley Davidson. Os proprietários das motocicletas não mudam de marca, mesmo convencidos de que uma concorrente tem um desempenho melhor. Para Lovelock e Wright (2006), em um contexto empresarial, a fidelidade corresponde à vontade do cliente de continuar prestigiando uma empresa por um período prolongado de tempo, comprando e recomprando seus produtos de forma preferencialmente exclusiva e recomendando a marca a outras pessoas.

Segundo Sheth, Mittal e Newman (2001), existem duas formas de lealdade, uma como **comportamento** e como **atitude**.

Na lealdade comportamental, sua mensuração em relação à marca é considerada com base nos seguintes aspectos:

- **Proporção de compra** – Número de vezes em que os produtos da marca são adquiridos dividido pelo número total de compras.
- **Sequência de compra** – Constância com que o cliente passa de determinada marca para outra (quanto tempo passa com uma até mudar para outra e quando volta para a anterior).
- **Probabilidade de compra** – Baseada na história do cliente a longo prazo.

A lealdade atitudinal considera a hipótese de o cliente comprar a mesma marca apenas por conveniência, sem que, efetivamente, goste mais dela do que de outra. Ou seja, caso o concorrente ofereça um melhor preço ou uma maior vantagem, o cliente migra para outra marca.

Em busca do envolvimento e da lealdade dos clientes, as empresas têm procurado desenvolver estratégias e ferramentas para estabelecer um relacionamento duradouro, explorando da melhor forma possível o potencial dos consumidores atuais. Entre essas ferramentas, destacam-se os programas de fidelização ou os clubes de vantagens.

O conceito de **programas de fidelização** envolve uma troca. A empresa oferece vantagens e benefícios a quem dá preferência a seus produtos e serviços. Isso tem sido muito atrativo para os consumidores, mesmo que eles venham a trocar de marca para buscar esse benefício.

Segundo Souza (2009), para fidelizar o cliente é preciso oferecer a ele mais do que brindes e recompensas. É necessário gerenciar, de forma responsável e proativa, o relacionamento com ele. Trata-se de a empresa assumir uma postura voltada para a constante aprendizagem com o cliente, para aprimorar a oferta de soluções superiores às apresentadas pela concorrência.

Moreira, Pasquale e Dubner (1996) diferenciam *fidelidade de marca* e *fidelização*, em que a primeira é a preferência contínua do consumidor em relação a um produto ou serviço. *Fidelização* é um neologismo criado pelos professores de marketing para definir programas e esforços no sentido de conquistar ou incentivar a fidelidade dos consumidores a determinada marca ou empresa.

No Brasil, existem dois importantes índices que medem a satisfação do público-alvo das empresas:

1. **Índice Nacional de Satisfação do Consumidor (INSC)** – Desenvolvido pela Escola Superior de Propaganda e Marketing (ESPM) e aplicado em rede nacional, tem como objetivo avaliar a qualidade dos bens de consumo e dos serviços com base na opinião do consumidor.
2. Índice Brasileiro de Satisfação do Cliente (**IBSC**, também conhecido como **BCSI**) – Criado em 2012 pela Universidade de São Paulo (USP), tem como objetivo medir o grau de satisfação do consumidor e levantar os pontos fortes e fracos das empresas, para que elas possam melhorar a prestação de serviços.

Figura 6.3 – Lealdade dos clientes

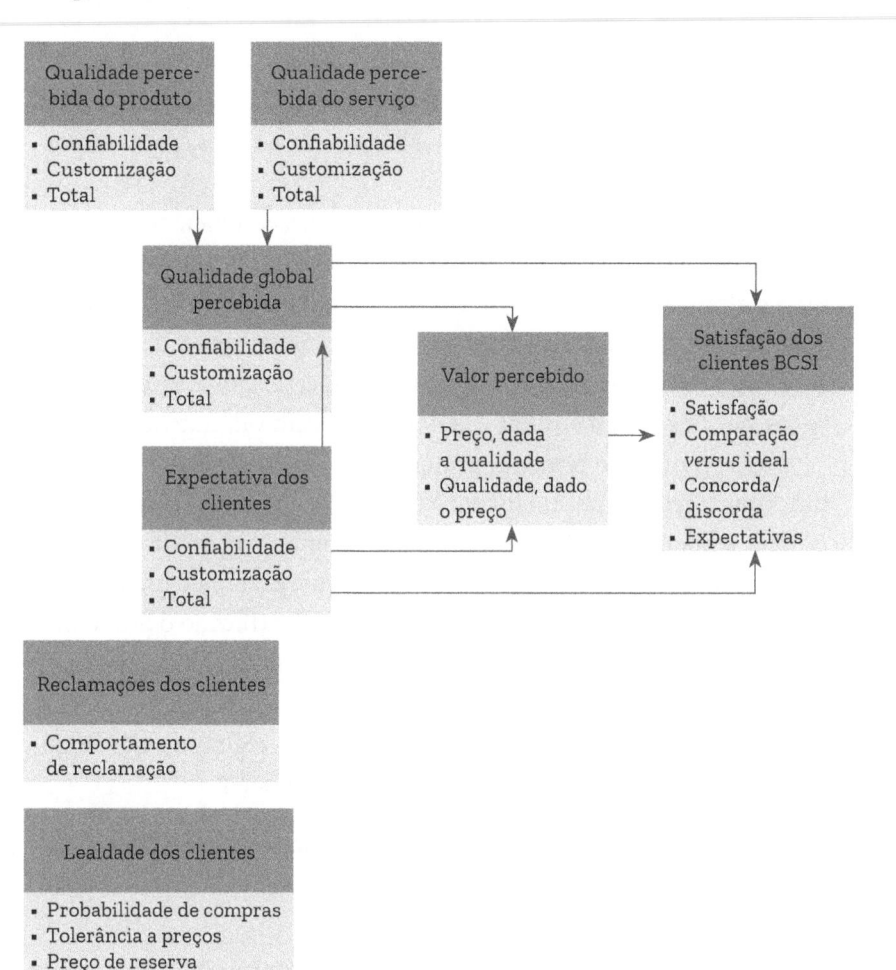

Qualidade percebida do produto
- Confiabilidade
- Customização
- Total

Qualidade percebida do serviço
- Confiabilidade
- Customização
- Total

Qualidade global percebida
- Confiabilidade
- Customização
- Total

Expectativa dos clientes
- Confiabilidade
- Customização
- Total

Valor percebido
- Preço, dada a qualidade
- Qualidade, dado o preço

Satisfação dos clientes BCSI
- Satisfação
- Comparação versus ideal
- Concorda/discorda
- Expectativas

Reclamações dos clientes
- Comportamento de reclamação

Lealdade dos clientes
- Probabilidade de compras
- Tolerância a preços
- Preço de reserva

De acordo com o modelo retratado na Figura 6.3, considera-se que a qualidade percebida e a expectativa dos clientes concorrem para o valor percebido. Esses três elementos são fundamentais para o nível de satisfação dos clientes, que promove sua lealdade, a qual se reduz caso ocorram reclamações.

6.12 Pós-venda

A origem do serviço de pós-vendas está ligada a aspectos-chave da essência do marketing: a fidelização do cliente. Mantê-lo satisfeito e fazer com o que ele, inconscientemente, indique empresa para amigos e familiares é um desafio.

No caso de produtos, o pós-venda inclui a assistência técnica e o período de garantia. Porém, no setor de serviços, é preciso assegurar a satisfação dos clientes, o atendimento das suas necessidades e a superação das suas expectativas. Fazer uma pesquisa de opinião sobre a qualidade da prestação do serviço, os erros e os acertos e pedir sugestões de como melhorar o serviço, agregam valor ao negócio.

Nesse momento também poderá haver reclamações, e é importante que o gestor saiba lidar com elas. Contornar as objeções e reconquistar o cliente é fundamental para manter a imagem da empresa. É importante compreender o motivo da queixa, pois é uma tarefa que exige empatia e compreensão. Uma vez identificado o problema, é imprescindível dar uma solução para ele a fim de amenizar a insatisfação ou até revertê-la.

De acordo com Berry e Parasuraman (1992), algumas soluções já se mostraram eficientes para solução de problemas:

- **Ressarcimento** – Ter uma política de indenização bem definida em caso de problemas infunde segurança no consumidor, uma vez que ameniza o risco.
- **Garantia** – Oferecer garantia pelo serviço prestado é uma ferramenta muito eficiente no setor de serviços.
- **Compensações** – Ressarcir o cliente não é o suficiente, já que é obrigação da empresa entregar o serviço corretamente (Berry; Parasuraman, 1992). *Compensação* é dar algo além do

ressarcimento, é superar a expectativa do cliente e fazê-lo sentir que teve alguma vantagem. Oferecer compensações minimiza e até mesmo apaga uma má impressão.

- **SAC/0800** – O Serviço de Atendimento ao Consumidor (SAC) e o atendimento via telefones 0800 (gratuitos) são canais de comunicação que minimizam o conflito e tranquilizam o cliente, desde que as reclamações sejam tratadas de forma ágil e com responsabilidade.

Uma das pontes para a fidelidade do cliente à marca é o atendimento às demandas de pós-venda. O comprometimento da empresa com seu consumidor é percebido quando, havendo problemas com o produto ou com o serviço contratado, ele é atendido com o mesmo entusiasmo da época em que adquiriu o bem. Isso transmite segurança ao comprador e o faz confiar na empresa em uma compra posterior.

Síntese

Neste capítulo, vimos que o marketing é muito mais do que fazer propaganda. Ele pressupõe conhecer o cliente, saber identificar suas necessidades e desejos e oferecer a ele produtos e serviços que satisfaçam essas vontades.

Para Kotler (2012), os benefícios do marketing no século XXI são muitos, mas apenas serão alcançados com muito trabalho, discernimento e inspiração. Novas regras e práticas estão surgindo e vivemos em uma época animadora para o marketing.

O marketing digital está em amplo crescimento e, por ser *on-line*, é necessária uma atuação mais frequente. Ter as estratégias definidas e medir seus resultados é importante para saber qual caminho seguir.

Ou seja, no dia a dia, é preciso estar antenado às oportunidades do mercado e o marketing ajuda a aproveitá-las e utilizá-las da melhor forma possível.

Questões para revisão

1. Qual é o principal objetivo do marketing?
2. Defina *mix* de marketing no setor de serviços.
3. Sobre segmentação de mercado, associe os conceitos com suas respectivas descrições.
   1) Segmentação baseada nas necessidades.
   2) Identificação do segmento.
   3) Atratividade do segmento.
   4) Rentabilidade do segmento.
   5) Posicionamento do segmento.
   6) Teste crítico de segmento.

   ( ) Determina quais características demográficas, estilos de vida e comportamentos de uso tornam o segmento distinto e acionável.
   ( ) Agrupa os clientes em segmentos, com base em necessidades semelhantes e benefícios por eles buscados para resolver determinado problema de consumo.
   ( ) Usando critérios predeterminados de atratividade de segmento (como crescimento de mercado, intensidade competitiva e acesso ao mercado), determina a atratividade de cada segmento.
   ( ) Realiza pesquisas de marketing para testar a atratividade da estratégia de posicionamento no segmento.
   ( ) Determina a rentabilidade de cada segmento (análise de demanda, custos e preços).
   ( ) Para cada segmento, cria uma proposta de valor e uma estratégia de posicionamento com base nas necessidades e nas características singulares dos clientes referentes a ele.

Assinale a alternativa que apresenta a sequência correta:

a) 1, 2, 3, 4, 5, 6.
b) 2, 1, 3, 6, 4, 5.
c) 3, 2, 1, 4, 5, 6.
d) 6, 5, 4, 3, 2, 1.
e) 4, 5, 3, 6, 2, 1.

4. Sobre satisfação de clientes, analise as afirmativas a seguir e marque V para as verdadeiras e F para as falsas.
   ( ) Buscar a lealdade é o maior desafio das empresas; a satisfação pode ser obtida em uma única transação, mas a fidelidade só se conquista a longo prazo.
   ( ) A satisfação do cliente é o grau de felicidade experimentada por ele. Ela é produzida apenas por um departamento, que independe dos demais.
   ( ) Os clientes satisfeitos são menos suscetíveis às ofertas da concorrência.
   ( ) Clientes altamente satisfeitos disseminam informações positivas, o que reduz o custo da empresa para atrair novos consumidores.

   Assinale a alternativa que apresenta a sequência correta:

   a) V, F, V, V.
   b) V, V, V, V.
   c) F, F, V, V.
   d) F, V, V, F.
   e) F, V, F, V.

5. Assinale a alternativa que apresenta estratégias para soluções de problemas do pós-vendas:
   a) Ressarcimento é ter uma política bem definida em caso de problemas, pois infunde segurança no consumidor, uma vez que ameniza o risco.
   b) Oferecer garantia pelo serviço prestado é uma ferramenta nada aplicável no setor de serviços.
   c) Somente ressarcir o cliente é o suficiente.
   d) O SAC e o 0800 são canais de comunicação que aumentam o conflito e inquietam o cliente.
   e) Nenhuma das alternativas anteriores.

Para saber mais

KOTLER, P. **Administração de marketing**. São Paulo: Pearson, 2012.

_____. **Administração de marketing**: a edição do novo milênio. São Paulo: Prentice Hall, 2000.

_____. **Administração de marketing**: análise, planejamento, implementação e controle. 5. ed. São Paulo: Atlas, 1998.

_____. **Marketing de A a Z**: 80 conceitos que todo profissional do marketing precisa saber. São Paulo: Elsevier, 2003.

Existem vários referenciais teóricos sobre marketing, mas indicamos as obras de Philip Kotler, o principal autor dos livros sobre o assunto.

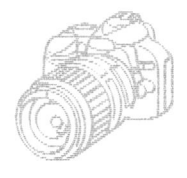

LOGÍSTICA

Conteúdos do capítulo:
- O desenvolvimento da logística.
- Principais termos ligados à logística.
- Economia de recursos utilizando a logística.

Após o estudo deste capítulo, você será capaz de:
1. compreender a importância da logística para o negócio;
2. identificar os principais termos ligados à área.

Veremos, neste último capítulo, a história e a importância da logística no mundo corporativo. Apresentaremos alguns conceitos básicos da logística e analisaremos como ela se combina com outras áreas da organização, otimizando custos e melhorando os resultados apresentados aos clientes.

7.1 Conceito de *logística*

A maior organização sem fins lucrativos que reúne profissionais do mundo todo é chamada Council of Supply Chain Management Professionals – CSCMP (Conselho dos Profissionais de Gerenciamento da Cadeia de Suprimentos), antigamente conhecida como Council of Logistic Management – CLM (Conselho de Gerenciamento de Logística). No seu glossário, *logística* é definida como:

> O processo de planejamento, implementação e controle de procedimentos para a eficiência e eficácia do transporte e do armazenamento de bens, incluindo serviços e informações relacionadas do ponto de origem até o ponto de consumo com a finalidade de atender às necessidades do cliente. Essa definição inclui as entradas, as saídas e as movimentações internas e externas. (Vitasek, 2013, p. 117, tradução nossa)

Tendo esse conceito em mente, podemos entender que a logística de serviços é o conjunto de processos que tem por objetivo viabilizar a disponibilidade do serviço no tempo e no local certos, garantindo assim o bom andamento dos projetos, o atingimento do seu objetivo e a plena satisfação do cliente.

7.1.1 História da logística

A logística é usada desde a pré-história. Imaginem o planejamento logístico necessário para a construção das Grandes Pirâmides do

Egito e da Muralha da China ou o esforço dos aliados para alimentar e municiar os soldados na Segunda Guerra Mundial.

Porém, mesmo sendo utilizada desde muito tempo atrás, foi somente na década de 1960 que a logística estreou no mundo científico. Desde então, ela tornou-se um dos temas mais estudados no meio empresarial, dada a sua importância econômica para as empresas.

De uma visão (antiquada) de que grandes estoques geram grandes lucros, passando pela gestão do estoque mínimo do sistema Toyota de produção e chegando ao gerenciamento da cadeia de suprimentos, passaram-se apenas algumas décadas. A evolução da ciência logística salta aos olhos e é, sem dúvida, um ponto de grande importância dentro das empresas.

7.1.2 Importância da logística no sucesso do negócio

Pensar que em uma empresa de prestação de serviços a logística tem pouco a contribuir é um erro crasso. É muito comum para as pessoas imaginarem que logística tem a ver ou com algum "modal de transporte" (transporte de caminhão, trem, navios etc.) ou com alguma produção industrial. Ao contrário do senso comum, existe um vasto e importantíssimo campo de atuação para a logística nas empresas prestadoras de serviços.

A logística de serviços atua, por exemplo, no planejamento da quantidade de insumos necessários para a produção dos serviços em determinado período (dia, mês, ano). Saber quais materiais, serviços ou informações serão necessários para quais datas, em quais locais e para quem é uma das tarefas da logística.

Vimos nos capítulos anteriores que, em todos os departamentos da empresa, saber alocar recursos limitados para necessidades infinitas é muito importante. Manter o estoque baixo o suficiente para que não imobilize capital inutilmente, mas em quantidade suficiente para que não faltem insumos aos investigadores é exatamente no que a logística pode ajudar nessa área.

7.2 Noções básicas de logística

As empresas normalmente têm um planejamento estratégico e, dentro dele, existem pontos específicos sobre logística e sobre alguns de seus componentes. Mesmo em marketing, existem tópicos analisados que fazem parte do escopo da logística, como o estudo sobre os canais de distribuição de que a empresa dispõe.

Se uma empresa estima atender neste ano 15 clientes, sendo em média 1,5 clientes por mês, o estoque de materiais de escritório deve estar pronto para atender à demanda de papéis, por exemplo. Não adianta comprar papel sulfite para o ano todo, pois isso iria imobilizar capital em um recurso de fácil acesso e baixo desconto na compra em atacado.

O mesmo vale para disfarces. Talvez em um mês a empresa atenda a dois clientes simultâneos. Será que o arsenal de disfarces da empresa está preparado para duas operações simultâneas? Da mesma forma, não adianta manter uma coleção de roupas para uso dissimulado maior do que a necessidade se apresenta. Também o capital humano disponível para execução dos serviços deve se enquadrar exatamente naquilo que é necessário para a realização dos projetos, de maneira eficiente e com qualidade. Pessoas demais são sinônimo de prejuízo, pois o gasto com pessoal é um dos que mais impactam os resultados financeiros da empresa. Porém, funcionários "de menos" sobrecarregam os outros colaboradores e acabam invariavelmente prejudicando o andamento e a qualidade dos projetos e, por consequência, o nome da empresa.

Podemos falar sobre disponibilidade de recursos financeiros. Será que, para a realização de um projeto, há capacidade de fazer o que é preciso fazer para se alcançar o objetivo? E se o agente precisar viajar de avião para acompanhamento de um alvo? E se for necessário se hospedar em um hotel cinco estrelas no quarto ao lado do alvo da investigação? Será possível?

Embora os aspectos de pessoal e financeiro não façam parte das responsabilidades do departamento de logística, e mesmo que esses assuntos sejam tratados no planejamento do projeto, estar atento a essas necessidades é importante para o bom andamento da empresa.

7.2.1 Previsão de vendas

A previsão de vendas é um dos processos que mais influencia positiva e negativamente a área de logística das empresas, visto que, se ela foi de vendas em baixa e as vendas, por algum fator interno ou externo, subirem, é provável que a empresa não possa atender à demanda, o que acarreta prejuízo financeiro, pois a organização deixa de vender e o seu concorrente acaba atendendo à necessidade se estiver mais bem preparado para isso.

Ao contrário, se a previsão é de vendas em alta e elas forem aquém do esperado, a tendência é que aquilo que a empresa estocou para se preparar para as vendas altas fique encalhado no estoque, imobilizando o capital temporariamente.

7.2.2 Administração de estoque

De acordo com o que foi estabelecido no plano estratégico para o estoque, cabe ao responsável por esse setor alinhar as necessidades, as oportunidades e a política a fim de que o planejamento seja seguido como foi determinado.

Comprar uma grande quantidade de algo, que se usa muito e que está em uma promoção que pague o custo de capital e o custo de armazenagem talvez seja interessante. Porém, estocar algo que não se use com frequência, ou que a compra de grande quantidade não se justifique economicamente, não é viável.

O segredo é manter um estoque mínimo que satisfaça às necessidades operacionais da empresa sem prejudicar o caixa nem causar transtornos ligados à falta de produtos.

7.2.3 Operação logística

As empresas já vêm sendo estudadas cientificamente há um século. Muito foi pesquisado sobre sistemas de produção, sobre pessoas e sobre estrutura da empresa. Agora chegou a hora de o foco da academia se voltar para a logística.

Figura 7.1 – Fluxograma de logística em empresas de serviços

```
                    Planejamento estratégico

  ┌───────────┐      ┌──────────┐
  │Fornecedor │◄─────│ Pedido de│         ┌──────────┐
  └───────────┘      │ compras  │         │ Plano de │
        │            └──────────┘         │  vendas  │
        ▼                 ▲               └──────────┘
  ┌───────────┐      ┌──────────┐              ▲
  │Recebimento│      │Estratégias│◄────►│ Cliente │
  └───────────┘      │de logística│      └──────────┘
        │            └──────────┘              ▲
        ▼                                ┌──────────┐
  ┌───────────┐      ┌──────────┐        │Estratégias│
  │Armazenagem│─────►│ Serviços │        │de marketing│
  └───────────┘      └──────────┘        └──────────┘
```

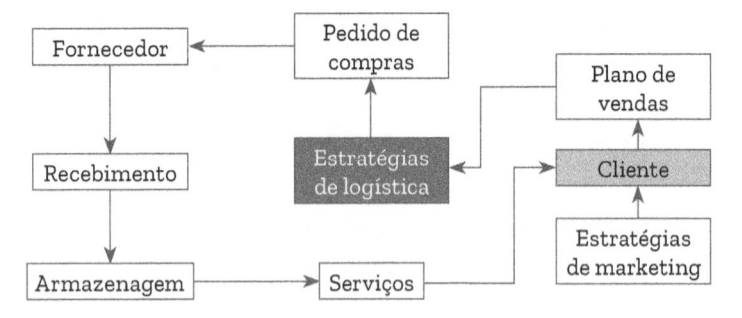

Existe uma rede de informações ligada ao departamento logístico da empresa. Nela, constam dados sobre vendas efetivadas e seu cronograma de entrega, condições financeiras, compras realizadas, datas de chegada de materiais, data e local onde esses materiais serão necessários para a realização do serviço, contato com os gerentes de projetos, contato e *feedback* com clientes, entre outros.

Figura 7.2 – Fluxograma da teia de fluxo de informações de logística

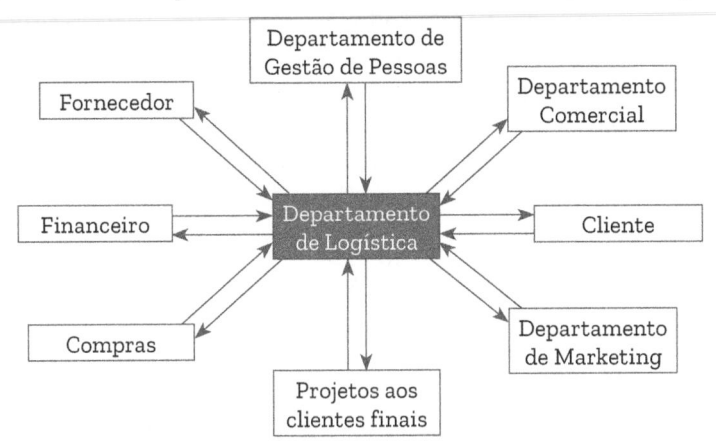

```
                    Departamento de
                    Gestão de Pessoas
                            │
    Fornecedor                         Departamento
                                         Comercial
         ╲          │           ╱
          ╲         │          ╱
    Financeiro ── Departamento ── Cliente
                  de Logística
          ╱         │          ╲
         ╱          │           ╲
    Compras                        Departamento
                                   de Marketing
                            │
                       Projetos aos
                      clientes finais
```

Como vemos na Figura 7.2, o departamento de logística deve ser interligado com todos os outros setores da empresa. Além disso, o fluxo de informações é bilateral; enquanto o Departamento de Logística alimenta os outros setores com dados, ele também recebe informações e *feedbacks* dos demais departamentos. Como viabilizar esse fluxo de informações é o que veremos a seguir.

7.2.4 Tecnologias aplicadas à logística

Como vimos anteriormente, existem muitos setores que, de uma maneira ou de outra, interferem nos processos logísticos. Gerenciar todas essas informações quando a demanda é muito grande é quase impossível. É para isso que existem sistemas de informação voltados à área logística.

Empresas de médio e de grande porte utilizam programas de planejamento de recursos empresariais (*enterprise resource planning* – ERP), que funcionam disponibilizando a informação aos setores interessados. No caso da logística, temos ainda o sistema de gerenciamento de armazém (*warehouse management system* – WMS), que controla as funções correlatas a entradas no estoque, local de armazenagem e saídas, e o sistema de gerenciamento de transporte (*transportation management system* – TMS). Todos esses programas devem se comunicar para que se saiba exatamente onde uma matéria-prima ou um produto (no caso de uma indústria) está.

Figura 7.3 – Fluxograma das funções de controle informatizado empresarial, de transporte e armazenagem e dos caminhos de informação entre eles

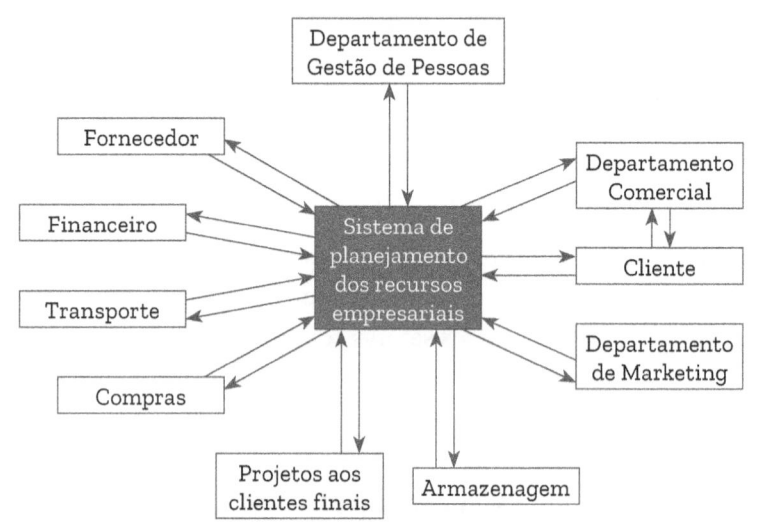

```
                    Departamento de
                    Gestão de Pessoas
                            ↕
    Fornecedor →                      → Departamento
                                         Comercial
    Financeiro →     Sistema de             ↕
                     planejamento     → Cliente
                     dos recursos
    Transporte →     empresariais
                                      → Departamento
    Compras →                           de Marketing

            Projetos aos    Armazenagem
            clientes finais
```

É importante ressaltar que o sistema deve trabalhar para a empresa, e não o contrário. Existem casos em que, para se usar um determinado *software*, há a necessidade da criação de um departamento próprio, de tão complicado que é seu uso. Optar por sistemas robustos e já testados no mercado é mais caro, mas é mais vantajoso do ponto de vista econômico.

No caso de empresas de serviço de pequeno porte, controles menos sofisticados e mais baratos suprem as necessidades no momento. Uma planilha eletrônica bem feita às vezes é mais do que suficiente.

7.3 Cadeia de suprimentos

Segundo a Vitasek (2013, p. 186, tradução nossa), no seu *Supply Chain Management Terms and Glossary*, **cadeia de suprimentos** é:

> 1) começando com matérias-primas não processadas e terminando com o cliente final usando os produtos acabados, a cadeia de suprimentos liga muitas empresas. 2) os intercâmbios materiais e informacionais no processo logístico, desde a aquisição de matérias-primas até a entrega de produtos acabados ao usuário final. Todos os fornecedores, prestadores de serviços e clientes são elos da cadeia de suprimentos.

Segundo Chopra e Meindl (2006), a cadeia de suprimentos pode ser entendida como o conjunto de todos as atividades relacionadas, de maneira direta ou indireta, à entrega de um pedido ao cliente. Portanto, a cadeia de suprimentos é composta por fornecedores, fabricantes, transportadores, armazenagem, vendedores e clientes.

Tendo em vista o que foi estudado, podemos dizer que a cadeia de suprimentos é composta por cada um dos atores envolvidos direta ou indiretamente nos inúmeros processos logísticos, desde a compra da matéria-prima bruta até a compra realizada pelo cliente final.

Figura 7.4 – Cadeia de suprimentos

Indústria extrativa → Indústria de bens de produção → Indústria de bens de consumo

Cliente final ← Comércio varejista ← Comércio atacadista

Sobre o gerenciamento da cadeia de suprimentos, o CSCMP (citado por Vitasek, 2013, p. 187, tradução nossa), esclarece que

> O Gerenciamento da Cadeia de Suprimentos engloba o planejamento e o gerenciamento de todas as atividades envolvidas na terceirização e aquisição, conversão e todas as atividades de gerenciamento logístico. É importante também incluir a coordenação e a colaboração com parceiros de canal, que podem ser fornecedores, intermediários, provedores de serviços de terceiros e clientes. Em essência, o gerenciamento da cadeia de suprimentos integra o gerenciamento de oferta e demanda dentro e entre empresas. O Supply Chain Management é uma função de integração, com a responsabilidade primária de vincular as principais funções de negócios e processos de negócios dentro e entre empresas em um modelo de negócios coeso e de alto desempenho. Ele inclui todas as atividades de gerenciamento de logística mencionadas [...], bem como as operações de manufatura, e impulsiona a coordenação de processos e atividades com e por meio de marketing, vendas, *design* de produto, finanças e tecnologia da informação.

O gerenciamento da cadeia de suprimentos é o responsável pela harmonização de toda a atividade de logística do produto a ser processado, em processo e finalizado com todos os setores da empresa e com o cliente.

7.4 Logística reversa

Como o próprio nome diz, a logística reversa é aquela que faz o caminho inverso, isto é, vai dos clientes até a indústria, de produtos que já foram usados ou de outros materiais. A destinação pode ser desde uma empresa de reciclagem até o reuso, caso seja possível. Além de gerar renda ou, no mínimo, economia, esse tipo de ação gera ativos sociais muito fortes, já que empresas que se mostram preocupadas em trabalhar com sustentabilidade ganham a simpatia dos consumidores.

Alguns dos materiais voltam para o fornecedor do produto; outros podem ser revendidos como insumos para indústrias de reciclagem, por exemplo. Outros ainda podem ser recondicionados, e uma pequena parte deve ser descartada.

Figura 7.5 – Logística reversa

```
┌─────────────┐    ┌───────────────┐    ┌─────────────┐
│             │     Cadeia              │             │
│   Matéria   │  de suprimentos         │  Consumidor │
│    prima    │                         │    final    │
│             │    Logística reversa    │             │
│  Descarte   │                         │             │
└─────────────┘                         └─────────────┘
```

A logística reversa é, hoje, um grande diferencial para aquelas empresas que a empregam, seja pela preocupação com o meio ambiente (no caso de produtos nocivos à natureza, se descartados de maneira inadequada), seja diminuindo os custos de produção, reutilizando peças e embalagens.

Síntese

Vimos, neste capítulo, a importância da logística para a empresa. Mesmo que o ramo de atuação seja de serviços, é muito importante entender os conceitos que podem criar um diferencial positivo para a empresa perante o cliente. A logística está presente onde existir movimento, seja de matérias-primas, seja de serviços em processamento, seja de projetos finalizados.

Entender qual é e como funciona a cadeia de suprimentos, onde estão possíveis fontes de problemas e se antecipar a eles é a tarefa do gestor da logística da empresa. O segredo, aqui, é planejar bem, fazer bem feito, controlar, aprender com os erros e os acertos e voltar a planejar.

Questões para revisão

1. Defina *logística* de serviços.

2. Como a logística pode ajudar empresas prestadoras de serviços?

3. Como a previsão de vendas pode influenciar no planejamento de logística?
   a) A previsão de vendas não influencia o plano de logística.
   b) A previsão de vendas dá ao gestor de logística a quantidade esperada de matéria-prima necessária e as datas e locais em que elas serão utilizadas.
   c) A logística independe do planejamento ou de qualquer outra informação de setores da empresa.
   d) A previsão de vendas dá ao gestor a certeza de que materiais necessários para atender à demanda estarão disponíveis para a necessidade prevista.
   e) Nenhuma das alternativas anteriores.

4. O departamento de logística se comunica com quais áreas fora da empresa?
   a) Recursos humanos e fornecedores.
   b) Finanças e clientes.
   c) Fornecedores e clientes.
   d) Clientes e projetos.
   e) Gerência e diretores.

5. Sobre a cadeia de suprimentos, é correto afirmar:
   a) A cadeia de suprimentos é composta por cada um dos atores envolvidos direta ou indiretamente nos inúmeros processos logísticos, desde o produto acabado até a compra realizada pelo cliente final.
   b) A cadeia de suprimentos é composta por cada um dos atores envolvidos diretamente nos inúmeros processos logísticos,

desde a compra da matéria-prima bruta até a compra realizada pelo cliente final.
c) A cadeia de suprimentos engloba todos os atores envolvidos direta ou indiretamente nos inúmeros processos logísticos, desde a compra da matéria-prima bruta até o produto acabado, sem levar em conta os clientes finais.
d) A cadeia de suprimentos é composta por cada um dos atores envolvidos direta ou indiretamente nos inúmeros processos logísticos, desde a compra da matéria-prima bruta até a compra realizada pelo cliente final.
e) Nenhuma das alternativas anteriores.

Questão para reflexão

1. Como os conhecimentos sobre logística podem ajudar a empresa a prosperar?

Para saber mais

BALLOU, R. H. **Gerenciamento da cadeia de suprimentos/ logística empresarial**. São Paulo: Pearson Prentice Hall, 2006.

CHOPRA, S.; MEINDL, P. **Gerenciamento da cadeia de suprimentos**: estratégia, planejamento e operação. São Paulo: Pearson Prentice Hall, 2006.

Para saber mais a respeito dos temas tratados neste capítulo, sugerimos a leitura dos livros de Ballou e Chopra e Meindl.

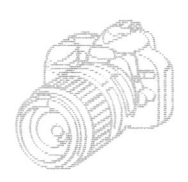

estudo de caso

Gestão de processos em uma empresa de prestação de serviços

Nosso objeto de estudo é uma empresa constituída para a prestação de serviços, a qual acabou de ser fundada. Ela tem apenas um sócio, que é também o gestor da empresa, e uma funcionária responsável por toda a parte administrativa.

Como a empresa entrou recentemente em funcionamento, nenhum processo interno estava definido, o que acabava causando muita confusão em relação às responsabilidades na hora da prospecção de clientes, na elaboração de propostas, nas vendas, no fechamento de um contrato, na hora de pagar as contas, entre outras atividades.

Foram utilizadas as técnicas da gestão de processos para planejar os fluxos que compõem a empresa, para a gestão durante a sua execução e as métricas para avaliação dos resultados, a fim de corrigir os erros e apontar soluções em um ciclo virtuoso, no qual a melhoria contínua do processo é o foco principal. Como a equipe é bastante reduzida, foi fácil garantir o comprometimento com o resultado do trabalho. Ambos os envolvidos enxergaram a importância e a necessidade do serviço realizado.

Com a implantação da gestão de processos, os resultados alcançados foram surpreendentes. A maioria dos procedimentos foi desenhada, cada um com seu responsável, com métricas de controle e formas de implantação de melhorias.

Podemos apontar os seguintes itens como resultados positivos da adoção da gestão de processos na empresa:

- Melhora significativa na organização dos processos internos e externos.
- Diminuição dos conflitos internos causados por dúvidas sobre responsabilidades.
- Melhoria na qualidade dos serviços entregues aos clientes finais.
- Ênfase na melhoria contínua que vai fazer com que os colaboradores sempre tenham em mente.

Como pudemos observar no estudo de caso apresentado, mesmo em uma empresa pequena, a implementação de técnicas administrativas resulta em uma melhora significativa, tanto dos processos internos quanto dos resultados entregues aos clientes. O estudo e o estabelecimento dos processos, a definição de métricas de avaliação e a proposta de melhoria contínua dos procedimentos coloca a organização em um novo patamar de excelência, possibilitando acesso a resultados mais eficazes em um curto período de tempo.

Todos os processos estão funcionando de maneira adequada? Quais metodologias podem ser aplicadas para que eles se tornem mais eficientes? Há alguém na sua organização que esteja pensando na melhoria contínua dos processos implementados? Quando há alguma falha, ela é estudada para que não se repita?

considerações finais

Finalizamos esta obra sublinhando a importância do pensamento estratégico dentro das organizações. Não é raro que os assuntos operacionais ocupem nosso tempo de tal forma que não possamos parar para pensar estrategicamente.

Nesse sentido, oferecemos algumas ferramentas para que você possa pensar em uma empresa de maneira global, integrada não só internamente mas também ao ecossistema empresarial que a cerca, seus clientes, seus fornecedores e seus colaboradores internos e externos.

Nesse sentido, destacamos a necessidade de planejar, executar, controlar e finalizar cada projeto com dedicação e esmero para que os clientes se tornem os principais divulgadores da organização. Dar importância aos colaboradores, estabelecer processos e controlar as finanças com atenção, estar atento ao posicionamento de mercado, às demandas do seu público-alvo, quem são seus concorrentes, o que eles fazem melhor e no que é possível melhorar devem ser tarefas diárias.

Acreditamos que esta obra servirá de ponto de partida para reflexão sobre a maneira como é gerida uma empresa e sobre como isso poderá impactar positivamente seus resultados.

lista de siglas

APO	administração por objetivos
BCG	Boston Consulting Group – desenvolvedor da matriz BCG
BP	balanço patrimonial
BPM	*business process management* (gestão de processos de negócio)
CSCMP	Council of Supply Chain Management Professionals
DRE	demonstração do resultado do exercício
ERP	*enterprise resource planning* (planejamento de recursos empresariais)
ESPM	Escola Superior de Propaganda e Marketing
Feausp	Faculdade de Economia, Administração e Contabilidade da Universidade de São Paulo
Fofa	forças, oportunidades, fraquezas e ameaças
IBGE	Instituto Brasileiro de Geografia e Estatística
IBSC	Índice Brasileiro de Satisfação do Cliente
INSC	Índice Nacional de Satisfação do Consumidor
OSC	Organização da Sociedade Civil
PMBok	*Project Management Book*
PMI	Project Management Institute (Instituto de Gestão de Projetos)
PMO	Project Management Office (Escritório de Gerenciamento de Projetos)
PL	patrimônio líquido
RAM	*random access memory* (memória de acesso randômico)
RH	recursos humanos
SAC	Serviço de Atendimento ao Cliente

Sebrae	Serviço Brasileiro de Apoio às Micro e Pequenas Empresas
SIRH	Sistema de Informação de Recursos Humanos
Swot	*strengths, weaknesses, opportunities, threats* (forças, fraquezas, oportunidades, ameaças)
TGS	teoria geral dos sistemas
TMS	*transportation management system* (sistema de gerenciamento de transporte)
USP	Universidade de São Paulo
Wi-Fi	*wireless fidelity*
WMS	*warehouse management system* (sistema de gerenciamento de armazém)

referências

AKABANE, G. K. **Enfoque japonês na administração da tecnologia**: as empresas caminhando para novos desafios com o desenvolvimento tecnológico. 123 f. Dissertação (Mestrado em Administração) – Fundação Getulio Vargas, São Paulo, 1990. Disponível em: <http://bibliotecadigital.fgv.br/dspace/bitstream/handle/10438/5152/1199100798.pdf?sequence=1&isAllowed=y>. Acesso em: 15 out. 2019.

ALBRECHT, K.; BRADFORD, L. J. **Serviços com qualidade**: a vantagem competitiva – como entender e identificar as necessidades dos seus clientes. São Paulo: M. Books, 1992.

ANDRADE, A. R. de. **Planejamento estratégico**: formulação, implementação e controle. São Paulo: Atlas, 2016.

ANDRADE, R. O. B.; AMBORINI, N. **Teoria geral da administração**: das origens às perspectivas contemporâneas. São Paulo: M. Books, 2007.

BALLOU, R. H. **Gerenciamento da cadeia de suprimentos/logística empresarial**. São Paulo: Bookman, 2006.

BARINI FILHO, U.; GOOG, G. **Políticas e diretrizes de RH**. São Paulo: Gente, 2002.

BEDÊ, M. A. (Coord.). **Sobrevivência das empresas no Brasil**. Brasília: Sebrae, 2016. Disponível em: <http://www.sebrae.com.br/Sebrae/Portal%20Sebrae/Anexos/sobrevivencia-das-empresas-no-brasil-102016.pdf>. Acesso em: 8 out. 2019.

BELMIRO, T. R.; RECHE, J. R. F. O desafio de uma gestão por processos sob a ótica de uma telecom. **Revista de Administração**, São Paulo, v. 38, n. 3, jul./set. 2003.

BENNIS, W. G. **Desenvolvimento organizacional**: sua natureza, origens e perspectivas. São Paulo: E. Blucher, 1972.

BERNARDES, C.; MARCONDES, R. C. **Teoria geral de administração**: gerenciando organizações. São Paulo: Saraiva, 2003.

BERRY, L. L.; PARASURAMAN, A. **Serviços de marketing**: competindo através da qualidade. São Paulo: Maltese-Norma, 1992.

BITTENCOURT, F. R. et al. **Cargos, carreiras e remuneração**. Rio de Janeiro: FGV, 2005.

BOENTE, A.; BRAGA, G. **Metodologia científica contemporânea**. Rio de Janeiro: Brasport, 2004.

BOGMANN, I. **Marketing de relacionamento**: estratégias de fidelização e suas implicações financeiras. São Paulo: Nobel, 2000.

BOHLANDER, G. W.; SCOTT, S.; ARTHUR, S. **Administração de recursos humanos**. São Paulo: Pioneira Thomson Learning, 2003.

BOLAY, F. W. **Planejamento de projetos orientado por objetivos**: método ZOPP. Recife: GTZ, 1993.

BOWERSOX, D.; CLOSS, D. J. **Logística empresarial**: o processo de integração da cadeia de suprimentos. São Paulo: Atlas, 2009.

BRAGA, H. R. **Demonstrações financeiras**: estrutura, análise e interpretação. 2. ed. São Paulo: Atlas, 1990.

BRAMBILLA, F. R.; PEREIRA, L. V.; PEREIRA, P. B. Marketing de relacionamento: definição e aplicações. **Revista Ingepro**, v. 2, n. 12, p. 1-9, dez. 2010. Disponível em: <http://www.ingepro.com.br/Publ_2010/Dez/306-941-1-PB.pdf>. Acesso em: 14 out. 2019.

BRASIL. Lei n. 13.432, de 11 de abril de 2017. Diário Oficial da União, Poder Legislativo, Brasília, DF, 12 abr. 2017. Disponível em: <http://www.planalto.gov.br/ccivil_03/_ato2015-2018/2017/lei/L13432.htm>. Acesso em: 7 out. 2019.

BRASIL. Congresso. Câmara dos Deputados. Registro das sessões: década de 50 – mundo. **Portal da Câmara dos Deputados**, Brasília, 2019. Disponível em: <https://www2.camara.leg.br/atividade-legislativa/plenario/discursos/escrevendohistoria/visitantes/panorama-das-decadas/decada-de-50>. Acesso em: 11 out. 2019.

BROSE, M. **Introdução à moderação e ao m**étodo ZOPP. Recife: GTZ, 1992.

CAPRA, F. **A teia da vida**: uma nova compreensão científica dos sistemas vivos. 8. ed. São Paulo: Cultrix, 2003.

CARAVANTES, G. R.; PANNO, C. C.; KLOECKNER, M. C. **Administração**: teoria e processos. São Paulo: Pearson Prentice Hall, 2005.

CARBONE, P. P. et al. **Gestão por competência e gestão do conhecimento**. Rio de Janeiro: FGV, 2005.

CARVALHO, M. M.; RABECHINI, R. **Construindo competências para gerenciar projetos**: teorias e casos. São Paulo: Atlas, 2005.

CATTELI, A. **Controladoria**: uma abordagem da gestão econômica – GECON. São Paulo: Atlas, 1999.

CERTO, S. **Administração estratégica**: planejamento e implantação da estratégia. 2. ed. São Paulo: Pearson Prentice Hall, 2005.

CHANDLER JR., A. D. **Strategy and Scructure**: Chapters in the History of American Industrial Enterprise. Cambridge, MA: MIT, 1962.

CHIAVENATO, I. **Administração de recursos humanos**. São Paulo: Atlas, 1999.

_____. **Gestão de pessoas**: o novo papel dos recursos humanos nas organizações. 2. ed. São Paulo: Campus, 2005.

_____. **Introdução à teoria geral da administração**. 5. ed. São Paulo: M. Books, 1997.

_____. **Recursos humanos**: o capital humano das organizações. 8. ed. São Paulo: Atlas, 2004.

CHOPRA, S.; MEINDL, P. **Gerenciamento da cadeia de suprimentos**: estratégia, planejamento e operação. São Paulo: Pearson Prentice Hall, 2006.

CHURCHILL JR., G. A.; PETER, P. **Marketing**: criando valor para os clientes. São Paulo: Saraiva, 2000.

COOPER, C. L.; ARGYRIS, C. **Dicionário enciclopédico de administração**. São Paulo: Atlas, 2003.

CRAIG, J.; GRANT, R. **Gerenciamento estratégico**. São Paulo: Littera Mundi, 1999.

CREMONEZI, G. O. G. (Org.). **Administração básica**. Campo Grande: Life, 2015.

DECENZO, D. A.; ROBBINS, S. P. **Administração de recursos humanos**. 6. ed. Rio de Janeiro: LTC, 2001.

DETZEL, D.; DESATNICK, R. **Gerenciar é manter o cliente**. São Paulo: Pioneira, 1995.

DIAS, M. A. P. **Administração de materiais**: princípios, conceitos e gestão. São Paulo: Atlas, 2009.

DINSMORE, P. C. **Transformando estratégias empresariais em resultados através da gerência por projetos**. Rio de Janeiro: Qualitymark, 1999.

DINSMORE, P. C.; CAVALIERY, A. **Como se tornar um profissional em gerenciamento de projetos**. Rio de Janeiro: Qualitymark, 2003.

DRUCKER, P. **Administrando para o futuro**. São Paulo: Pioneira, 1993.

_____. **Introdução à administração**. São Paulo: Pioneira Thomson Learning, 1984.

_____. **People and Performance**. New York: Harper Collins, 1977.

_____. **Prática da administração de empresas**. São Paulo: Pioneira, 1981.

_____. **The Practice of Management**. New York: Harper & Brow, 1954.

FERREIRA, R. J. **Contabilidade básica**: finalmente você vai aprender contabilidade. Rio de Janeiro: Ferreira, 2006.

FREITAS, B. T. **Marketing direto no varejo**. São Paulo: M. Books, 2001.

GADD, K. W. Business Self-Assessment: a Strategic Tool for Building Process Robustness and Achieving Integrated Management. **Business Process Reengineering & Management Journal**, v. 1, n. 3, p. 66-85, 1995.

GIL, A. L. **Gestão de pessoas**: enfoque nos papéis profissionais. São Paulo: Atlas, 2001.

_____. **Sistemas de informações contábil-financeira**. 3. ed. São Paulo: Atlas, 1999.

GINESI, C. 7 passos para criar um programa de fidelidade. **Revista Exame**, 24 set. 2013. Disponível em: <http://exame.abril.com.br/revista-exame-pme/edicoes/63/noticias/como-fazer-o-cliente-voltar>. Acesso em: 15 out. 2019.

GITMAN, L. J. **Princípios da administração financeira**. Porto Alegre: Bookman, 2001.

GONÇALVES, H. J. **Fidelização de clientes**. 61 f. Trabalho de Conclusão de Curso (Especialização em Administração) – Universidade Federal do Rio Grande do Sul, Porto Alegre, 1997. Disponível em: <https://lume.ufrgs.br/bitstream/handle/10183/14026/000649603.pdf>. Acesso em: 14 out. 2019.

HAMMER, M.; CHAMPY, J. **Reengenharia**: revolucionando a empresa em função dos clientes, da concorrência e das grandes mudanças da gerência. Rio de Janeiro: Campus, 1994.

HARA, C. M. **Logística, armazenagem, distribuição e trade marketing**. Campinas: Alínea, 2009.

HELDMAN, K. **Gerência de projetos**: guia para o exame oficial PMI. Rio de Janeiro: Campus, 2003.

IAH – Instituto Antônio Houaiss. **Houaiss corporativo**: grande dicionário. Extensão para Google Chrome. Disponível em: <https://houaiss.uol.com.br/corporativo/index.php>. Acesso em: 11 out 2019.

IBGE – Instituto Brasileiro de Geografia e Estatística. **Tabela 1846**: valores a preços correntes. Disponível em: <https://sidra.ibge.gov.br/tabela/1846#/n1/all/v/all/p/-1/c11255/90687,90691,90696,90705,90706,90707,93404,93405,93406,93407,93408,102880/l/v,,c11255+t+p/resultado>. Acesso em: 11 out. 2019.

IGARASHI, Y. **Corpos da memória**: narrativas do pós-guerra na cultura japonesa (1945-1970). São Paulo: Annablume, 2011.

IUDÍCIBUS, S. (Coord.). **Contabilidade introdutória**. 9. ed. São Paulo: Atlas, 1998.

KANE, E. IBM's Quality Focus on the Business Process: a Management Remain Competitive. **Quality Progress**, v. 19, n. 4, p. 24-33, 1986.

KERZNER, H. **Gestão de projetos**: as melhores práticas. 2. ed. Porto Alegre: Bookman, 2006.

KOTLER, P. **Administração de marketing**. São Paulo: Pearson, 2012.

KOTLER, P. **Administração de marketing**: a edição do novo milênio. São Paulo: Prentice Hall, 2000.

_____. **Administração de marketing**: análise, planejamento, implementação e controle. 5. ed. São Paulo: Atlas, 1998.

_____. **Marketing de A a Z**: 80 conceitos que todo profissional do marketing precisa saber. São Paulo: Elsevier, 2003.

KOTLER, P.; ARMSTRONG, G. **Princípios de marketing**. 12. ed. Porto Alegre: Pearson, 2008.

KOTLER, P.; KELLER, K. **Administração de marketing**. 14. ed. Porto Alegre: Pearson, 2012.

LAUTERBORN, R. F. New Marketing Litany: Four P's Passe – C-Words Take Over. **Advertising Age**, v. 61, n. 41, Oct. 1rst 1990. Disponível em: <http://www.business.uwm.edu/gdrive/Wentz_E/International%20Marketing%20465%20Fall%202014/Articles/New%20Marketing%20Litany.PDF>. Acesso em: 11 out. 2019.

LEMES JUNIOR, A. B.; CHEROBIM, A. P. M. S.; RIGO, C. M. **Administração financeira**: princípios, fundamentos e práticas brasileiras. Rio de Janeiro: Campus, 2002.

LEONE, G. **Custos**: planejamento, implantação e controle. São Paulo: Atlas, 2000.

LOVELOCK, C; WRIGHT, L. **Serviços**: marketing e gestão. São Paulo: Saraiva, 2006.

LUCENA, M. D. S. **Avaliação de desempenho**. São Paulo: Atlas, 1992.

_____. **Planejamento de recursos humanos**. São Paulo: Atlas, 1991.

MARTINS, E. **Contabilidade de custos**. 5. ed. São Paulo: Atlas, 1996.

_____. _____. 8. ed. São Paulo: Atlas, 2001.

MASLOW, A. H. **Motivation and Personality**. 3. ed. New York: Harper & Row, 1987.

MELO, F. P. **A utilização dos serviços de inteligência no inquérito policial**. Curitiba: Íthala, 2017.

MINTZBERG, H. Crafting Strategy. **Harvard Business Review**, p. 66-75, July/Aug. 1987. Disponível em: <https://hbr.org/1987/07/crafting-strategy>. Acesso em: 8 out. 2019.

MOREIRA, J.; PASQUALE, P.; DUBNER, A. **Dicionário de termos de marketing**. São Paulo: Atlas, 1996.

NAKAGAWA, M. **Introdução à controladoria**. São Paulo: Atlas. 1995.

NIYAMA, J. K.; GOMES, A. L. O. **Contabilidade de instituições financeiras**. 2. ed. São Paulo: Atlas, 2002.

NOVAES, A. G. **Logística e gerenciamento da cadeia de distribuição**. Rio de Janeiro: Campus, 2001.

OLIVER, R. **Satisfaction**: a Behavioral Perspective on the Consumer. New York: McGraw-Hill, 1997.

ORLICKAS, E. **Modelos de gestão**: das teorias da administração à gestão estratégica. Curitiba: Ibpex, 2011.

PADOVEZE, C. L. **Contabilidade gerencial**: um enfoque em sistema de informação contábil. 3. ed. São Paulo: Atlas, 2000.

PAIM, R. et al. **Gestão de processos**: pensar, agir e aprender. Porto Alegre: Bookman, 2009.

PFEIFFER, P. **Gerenciamento do ciclo de projeto**: manual do curso de capacitação para gerentes de projeto. Rio de Janeiro: MPP, 2000.

PMI – Project Management Institute. **Um guia do conhecimento em gerenciamento de projetos**: guia Pmbok. 4. ed. São Paulo: Saraiva, 2012.

PRADO, D. **Gerenciamento de projetos nas organizações**. Belo Horizonte: FDG, 2000. v. 1.

PRUSHAN, V. **Marketing**: 101 segredos do marketing para conquistar e manter clientes. São Paulo: Futura, 1999.

RAMOS, L. **Lidando com conflito de interesses**. São Paulo: All Print, 2010.

RICHERS, R. **Marketing**: uma visão brasileira. São Paulo: Negócio, 2000.

ROMANO, C. Cliente feliz é cliente fiel? **HSM Management**, São Paulo, v. 1, n. 3, p. 48-56, jul. 1997.

ROSA, C. A. **Como elaborar um plano de negócios**. Brasília: Sebrae, 2013. Disponível em: <http://www.bibliotecas.sebrae.com.br/chronus/ARQUIVOS_CHRONUS/bds/bds.nsf/5f6dba19baaf17a98b4763d4327bfb6c/$File/2021.pdf>. Acesso em: 15 out. 2019.

SALGADO, T. T. **Logística**: práticas técnicas e processos de melhorias. São Paulo: Senac, 2017.

SANTOS, E. O. **Administração financeira da pequena e média empresa**. São Paulo: Atlas, 2001.

SHETH, J.; MITTAL, B.; NEWMAN, B. **Comportamento do cliente**: indo além do comportamento do consumidor. São Paulo: Atlas, 2001.

SORDI, J. O. **Gestão de processos**: uma abordagem da moderna administração. São Paulo: Saraiva, 2018.

SOUZA, A. A. de. Satisfação, lealdade, fidelização e retenção de clientes. In: CONGRESSO NACIONAL DE EXCELÊNCIA EM GESTÃO, 5., 2009, Niterói. **Anais**... Disponível em: <http://www.inovarse.org/filebrowser/download/10114>. Acesso em: 14 out. 2019.

SOUZA, M. Z. A.; SOUZA, V. L. **Gestão de pessoas**: uma vantagem competitiva? Rio de Janeiro: Ed. da FGV, 2016.

STEIN, A. **A mágica do sucesso**: os segredos do estilo Disney. São Paulo: Orion, 2002.

STEINER, G. A. **Planificación de la alta dirección**. Barañain: Eunsa, 1994.

TEIXEIRA, G. M. et al. **A gestão estratégica de pessoas**. 2. ed. Rio de Janeiro: Ed. da FGV, 2010.

THOMPSON JR., A.; STRICKLAND III, A. J. **Planejamento estratégico**: elaboração, implementação e execução. São Paulo: Pioneira Thompson Learning, 2004.

TZU, S. **A arte da guerra**. 19. ed. Rio de Janeiro: Record, 1997.

VIEIRA SOBRINHO, J. D. **Matemática financeira**. 4. ed. São Paulo: Atlas, 1994.

VITASEK, K. **CSCMP Supply Chain Management Definitions and Glossary**. 2013. Disponível em: <https://cscmp.org/CSCMP/Educate/SCM_Definitions_and_Glossary_of_Terms/CSCMP/Educate/SCM_Definitions_and_Glossary_of_Terms.aspx?hkey=60879588-f65f-4ab-5-8c4b-6878815ef921>. Acesso em: 14 out. 2019.

WOOD, T. J. **Remuneração estratégica**: a nova vantagem competitiva. São Paulo, Atlas, 1999.

ZARIFIAN, P. **Objetivo competência**: por uma nova lógica. São Paulo: Atlas, 2001.

ZDANOWICZ, J. E. **Fluxo de caixa**: uma decisão de planejamento e controle financeiro. Porto Alegre: Sagra Luzzatto, 1998.

ZIMPECK, B. G. **Administração de salários**. São Paulo: Atlas, 1990.

respostas

Capítulo 1
Questões para revisão
1. Teoria da burocracia, teoria clássica, estruturalista e neoclássica.
2. Teoria geral dos sistemas.
3. c
4. a
5. a

Questões para reflexão
1. Resposta pessoal.
2. Resposta pessoal.

Capítulo 2
Questões para revisão
1. Existem inúmeras definições de *estratégia*, mas, resumidamente, ela é a forma que a empresa utiliza para atingir seus objetivos. Ela tem três níveis: (1) o nível corporativo, que são as decisões tomadas pelo topo da empresa, a diretoria e presidência; (2) o nível de unidade de negócios, que são as decisões que cada departamento define; (3) e a estratégia funcional, que são as decisões e as ações tomadas pelo setor operacional da empresa.
2.
- Nível de conduta: o planejamento deve envolver todos os níveis hierárquicos da empresa, desde a presidência e a diretoria, os gerentes e todos os níveis operacionais do negócio.
- Regularidade: o planejamento estratégico deve ter a função de norteador do negócio e ser atualizado e adaptado sempre que surge uma nova oportunidade ou alguma mudança no mercado.

- Valores subjetivos: os valores da empresa, uma vez definidos pela diretoria, devem seguir a mesma linha em todo o planejamento estratégico e em todos os níveis da empresa.
- Necessidade de informações: o planejamento estratégico requer uma variedade de informações e de fontes de informações; os dados precisam ser de fontes seguras e relevantes.
- Horizontes de tempo: em todo o planejamento estratégico devem ser contemplados os prazos para atender aos resultados esperados, de longo, médio ou curto prazo, dependendo do grau de complexidade e dos níveis hierárquicos abrangidos.
- Facilidade de avaliação: é necessário medir os resultados alcançados em cada um dos níveis e dos departamentos.

3. c
4. c
5. c

Questão para reflexão
1. Resposta pessoal.

Capítulo 3
Questões para revisão
1. Início, planejamento, execução, monitoramento e controle e encerramento.
2. São as partes interessadas no projeto: pessoas físicas ou jurídicas, os executores, clientes, outras empresas parceiras, gestores, entre outros – todos os que estão envolvidos com o projeto de forma ativa e têm seus interesses afetados de alguma forma pelo projeto, seja com sua execução ou com seu término.
3. c
4. c
5. d

Questão para reflexão
1. Resposta pessoal.

Capítulo 4
Questões para revisão
1. No início dos estudos científicos sobre administração, os funcionários eram tratados como insumos, recursos que tinham equivalência com matérias-primas, ou energia, entre outros; com o avanço de áreas como a psicologia e a sociologia, o valor das pessoas dentro das organizações foi sendo reconhecido. Hoje em dia, as teorias consideram o fator humano com crucial para o desenvolvimento organizacional.
2. O clima organizacional pode ser definido como o sentimento que o funcionário tem em relação à organização em que trabalha, e ele é fundamental para a motivação e a produtividade do colaborador.
3. b
4. a
5. b

Questão para reflexão
1. Resposta pessoal.

Capítulo 5
Questões para revisão
1. Os relatórios contábeis mais importantes são: balanço patrimonial e demonstrativo do resultado do exercício e o relatório financeiro mais importante é o fluxo de caixa.
2. No regime de caixa, os valores de entrada são computados quando eles entram ou quando deverão entrar no caixa; no regime de competência, a entrada do valor se dá no mês da venda do serviço. Assim, os valores contidos no relatório de fluxo de caixa não serão coincidentes com os valores contidos em um relatório contábil.

3. b
4. c
5. b

Questão para reflexão
1. Resposta pessoal.

Capítulo 6
Questões para revisão
1. Conhecer o cliente e entender suas necessidades e seus desejos e procurar satisfazê-los.
2. São os 4 Ps voltados para serviços: (1) preço do serviço; (2) produto, que é o serviço oferecido; (3) praça, que significa ter a disponibilidade para o cliente; e, por fim, (4) promoção, que é a divulgação dos serviços oferecidos.
3. b
4. a
5. a

Questão para reflexão
1. Resposta pessoal.

Capítulo 7
Questões para revisão
1. *Logística de serviços* é o conjunto de processos que tem por objetivo viabilizar a disponibilidade do serviço no tempo e no local certos, garantindo, assim, o bom andamento dos projetos, o atingimento do seu objetivo e a plena satisfação do cliente.
2. A logística pode ajudar no planejamento da quantidade de insumos necessários para a produção dos serviços em determinado período (dia, mês, ano) e no cálculo de quais materiais, serviços ou informações serão necessários para quais datas, em quais locais e para quem são.

3. b
4. c
5. d

Questão para reflexão
1. Resposta pessoal.

sobre os autores

César Takashi Ogasawara é bacharel em Administração de Empresas pela Universidade Federal do Paraná (UFPR), tem experiência na área privada e também como investigador da Policia Civil do Paraná, trabalhando na área de inteligência policial.

Lucimara Ceccon é bacharel em Economia pela Universidade Federal do Paraná (UFPR), especialista em Gerenciamento e Planejamento Estratégico pela Pontifícia Universidade Católica do Paraná (PUCPR) e tem MBA (Master of Bussines Administration) em Marketing pela Universidade Positivo (UP). Tem experiência profissional de mais de dez anos nos setores de vendas e de marketing da indústria automobilística.

Os papéis utilizados neste livro, certificados por instituições ambientais competentes, são recicláveis, provenientes de fontes renováveis e, portanto, um meio responsável e natural de informação e conhecimento.

FSC
www.fsc.org
MISTO
Papel produzido
a partir de
fontes responsáveis
FSC® C103535

Impressão: Reproset
Dezembro/2020

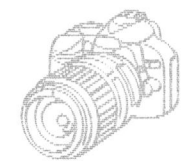